悲鸿在星洲

欧阳兴义 / 编著

人民美术出版社
北京

图书在版编目（CIP）数据

悲鸿在星洲 / 欧阳兴义编著. -- 北京：人民美术出版社, 2020.7
（徐悲鸿艺术丛书）
ISBN 978-7-102-08080-2

Ⅰ. ①悲… Ⅱ. ①欧… Ⅲ. ①徐悲鸿（1895-1953）—生平事迹 Ⅳ. ①K825.72

中国版本图书馆CIP数据核字(2019)第290437号

徐悲鸿艺术丛书
悲鸿在星洲 BEIHONG ZAI XINGZHOU

编辑出版　人民美術出版社
（北京市朝阳区东三环南路甲3号　邮编：100022）
http://www.renmei.com.cn
发行部：（010）67517601
网购部：（010）67517743

扉页题字	吴作人
学术主持	徐庆平
策　划	邓　锋
责任编辑	沙海龙
装帧设计	徐　洁
责任校对	李　杨
责任印制	宋正伟
制　　版	朝花制版中心
印　　刷	雅迪云印（天津）科技有限公司
经　　销	全国新华书店

版　次：2020年9月　第1版　第1次印刷
开　本：710mm×1000mm　1/16
印　张：17
印　数：0001—3000册
ISBN 978-7-102-08080-2
定　价：59.00元

如有印装质量问题影响阅读，请与我社联系调换。（010）67517602

版权所有　翻印必究

目 录

001 序

005 自序 为什么要写徐悲鸿

第一章 爱国绘事

013 徐悲鸿藏宝记(上)——罗弄泉枯井藏宝

023 徐悲鸿藏宝记(下)——黄梨树下的秘密

031 学困巴黎 缘结星洲

047 万马奔腾江夏堂

063 百扇斋主手拓悲鸿用印

071 半个世纪前的艺坛盛事——1939徐悲鸿画展

081 徐悲鸿的油画《放下你的鞭子·王莹像》

087 徐悲鸿与早期的新加坡华人美术研究会

101 总督与舞女的画像

111 失而复得的《寒江垂钓图》

121 敬庐松风——徐悲鸿与黄孟圭的敬庐学校

131 徐悲鸿的印度之旅

第二章　艺坛交游

153　徐悲鸿写给林语堂的九封信

163　大师的会见

175　面包纸上的序文

181　徐悲鸿与广洽法师的佛缘

第三章　故人情深

187　赵少昂与徐悲鸿

193　悲鸿槟城逸事

203　徐君濂星洲杂忆

209　马骏回首悲鸿事

219　故人情深

第四章　纪事年表

227　悲鸿星洲纪事

257　后记

序

2020年开始之际,对上一个世纪的事件和发展涌现出许多新的评价。亚洲艺术领域里,一位人物以其对美学发展的卓越贡献而出类拔萃。当我们分析20世纪艺术的历史进程时,可以说我们既认识徐悲鸿又不认识徐悲鸿。作为社会现实主义的早期倡导者,他在中国美术史中的地位随着社会现实主义和自然主义在20世纪中叶的兴盛而得到奠定。批评徐悲鸿的人或许会说徐悲鸿的立场阻碍了现代流派的发展。然而,当我们迈进21世纪的时候,仅仅局限于表现派与抽象派、现实派与现代派之类的二分法概念显然是不够的。除非我们能细致敏锐地理解每个艺术进程的社会环境,不然,我们将停留在20世纪固有的观点与定位上,从历史层面的角度来看,这不会有多大的意义。

徐悲鸿艺术生涯另一鲜为人知的侧面,是他在新加坡艺术天地的耕耘和影响。这是否可以看作中国美术史的伸延,将取决于对他这一段艺术史的个案研究的深入程度。徐悲鸿1919年途经新加坡,并在1925年与新加坡结

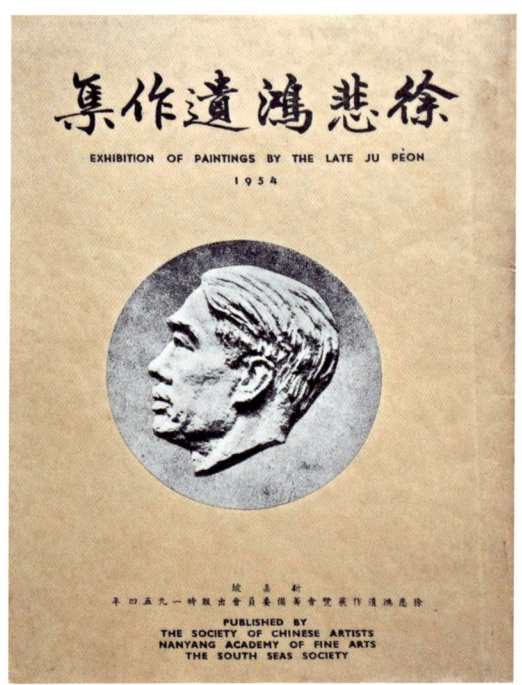

1954年新加坡出版的《徐悲鸿遗作集》

缘，在接下来的17年里多次访问新加坡，在新加坡举办画展。期间正值中国艺术史上的重要时期，1929年的"两徐（徐悲鸿与徐志摩）之争"，便是当时发生的重大事件的例子。徐悲鸿在新加坡的艺术活动与一些艺术组织，如中华美术研究会（成立于1935年）和南洋艺术学院（成立于1938年）的早期活动交织在一起。对徐悲鸿在新加坡的活动和绘画的研究，无疑将成为有价值的新加坡文化发展的源泉。新加坡著名艺术家如陈宗瑞等人，在20世纪50年代依然经常讨论徐悲鸿的艺术理论，可见徐悲鸿的影响并没有伴随着第二次世界大战而结束。

从1925年到1942年这个阶段特别重要，因为一般来说，新加坡艺术史大多是从20世纪30年代中后期作为起点来考察研究的。欧阳兴义对徐悲鸿在新加坡活动的研究，又为我们展现出了新加坡在20世纪20年代中期到40年代初期这段时间文化圈子里的动态和活力。徐悲鸿于1939年举办的重要画展是新加坡20世纪上半叶文化年鉴中的一个高峰。本书是关于徐悲鸿这位画坛巨人一个重要方面的研究成果，因而本书的出版是人们盼望已久的，必将对了解新加坡本土艺术先驱——南洋学派运动诞生前几十年的新加坡绘画艺术史，做出积极的贡献。

新加坡美术馆原馆长　郭建超

（英文翻译　刘玲）

自序
为什么要写徐悲鸿

将西方美术传播到中国的先驱者、中国近代美术之父徐悲鸿,1919年3月赴法国留学时途经新加坡。1925年秋,他在黄孟圭先生介绍下与星洲结缘,至今已半个多世纪了。

回忆半个世纪前一位留洋学生在新加坡的情况,并非像编写历史大事那么容易,虽然徐悲鸿以后已成为亚洲美术史上十分重要的人物。

新加坡虽经太平洋战争的历劫,可幸大多数徐悲鸿的作品、手迹尚存。当年的历史见证人或还健在,或留下了宝贵的回忆文字,使我们能将一位著名艺术家在新加坡期间的生活和艺术活动编撰成辑。

徐先生的两位夫人蒋碧微、廖静文所写的回忆录中,因为没有完全亲身经历的原因,所以徐悲鸿在新加坡的历史这重要的一节,便需要我们去补充和还原,以期能填补徐悲鸿研究的一个空白。这一章节之重要,在于新加坡是徐悲鸿艺术生命的重要转捩点。每当他身处家愁国难、悲困交加之境,一来到这个南洋小岛,就会另闯出一番天地:山穷水尽疑无路,海阔天长是星洲。

我们设想徐悲鸿假如不是1925年在新加坡得助,美术史上的一位著名艺术家可能已不再存在。倘若徐悲鸿1939年没有再到新加坡,也就不会有《愚公移山》《六朝人诗意》《百骏图》《放下你的鞭子》《泰戈尔像》《奔马(题第二次长沙会战)》等代表作问世。倘若太平洋战争爆发的最后一刻,徐悲鸿不能逃出新加坡,他可能已死在日军的屠刀之下。中国及亚洲的美术史可能会被改写,徐悲鸿个人的历史也要改写。南洋的星洲,时代与历史的巧合,使得一位艺术家在此遇难呈祥、逢凶化吉。

新加坡是中国以外存留徐悲鸿作品最多的地方,甚至比北京徐悲鸿纪念馆所藏的1200幅还多。粗略统计,1939年徐悲鸿在新加坡和马来西亚展览售出的作品已达400幅到500幅,在江夏堂为赴美展览所作约300幅,赠黄曼士昆仲约200幅,合计已千幅之多。这还未包括他携带到新加坡的千幅作品中未带走的数百幅和为其他人所画的作品。而他在新加坡所画的百千幅骏马,更造就了近代水墨画的高峰。

当日本军国主义侵略扩张、徐悲鸿处于国破家亡之际,他为了对国家民族做出自己的贡献,怀一颗以艺术报国的苦心,在南洋一屿把个人的艺术生命发挥到了极致。徐悲鸿画作的艺术光辉,也在这小小的热带岛屿发出最灿烂的光芒。这是他一生中佳作频生的年月,也是艺术技巧最纯熟的时期,他把艺术的功能发挥到前所未有的地步。1939年徐悲鸿画展的影响力遍及全岛,所创下的许多纪录至今还未被打破。

徐悲鸿造就了一个时代的美术人才,促进了一个时代的美术繁荣。他摒弃了西方现代诸流派而选择了现实主义与浪漫主义,有主见、有选择,批判

徐悲鸿一生多次在新加坡得助,他称黄孟圭(中)、黄曼士(右1)为"生平第一知己"(照片提供:王劼恪)

地吸收东西方美术的精华,成功地革新了中国画的面貌。是中国历史选择了徐悲鸿的艺术,而不是现代诸流派,我们也很难想象其他的方法和道路在中国将会如何发展。

他在新加坡不断宣传自己的艺术主张:数十年前他就呼吁新加坡应当不断积存作品建立自己的美术馆,并强大艺术家自己的美术团体;他号召艺术家应以反映现实为手段,去参与社会改革;他不断鼓励和提携新加坡的美术青年,其中不少成为了新加坡艺坛的中坚人物。这些都是值得今天的艺术家所借鉴的。

我们花费了数月的时间,查阅可以得到的历史资料,寻访和徐先生有交往的前辈。这项工作,是挖掘一位著名艺术家成长过程中,鲜为人知的重要篇章,是在填写徐悲鸿历史研究中的一段空白。当年活泼天真的孩童,都已

1953年徐悲鸿逝世,新加坡报刊头版刊登徐悲鸿逝世纪念图文

届花甲之龄。多年后的今天,这些前辈几乎都已离我们而去,历史只给予一次最珍贵的机缘。在本书中,除必要之外,我们尽可能刊载鲜为人知的新史料,并将散乱零碎的史实整理成篇。当然本书不可能呈现徐悲鸿在新加坡的历史全貌,所以希望读者能继续给我们提供新的资料、图片以及新的线索,使我们尽可能把这一工作做得更加完美。

读者也不必把所有的文章当成史料来阅读,因为历史的真实有时已经相当富于文学性,只要真实地记录下来,就具有了其应有的艺术感染力。

欧阳兴义

第一章 爱国绘事

徐悲鸿藏宝记（上）
——罗弄泉枯井藏宝

这不是小说的虚构，也不是电影的夸张，而是太平洋战争爆发之日，一位著名艺术家在新加坡藏宝的真实故事。

当年帮助徐悲鸿埋藏和挖掘宝藏的韩歧丰、钟青海、马峻等人讲述了藏宝的过程。我们也搜集了其他珍贵资料汇成本文。

可嘉的敌意

1941年12月7日凌晨（夏威夷时间），日本海军联合舰队的零式战斗机偷袭珍珠港。太平洋战争爆发了！

12月8日凌晨4点，东半球的新加坡上空飞来了十多架日本战机，警报汽笛的长鸣和轰炸声交织在一起。海山街、莱佛士坊、红灯码头……落下难以计数的炸弹。实里达和丁加机场的英国飞机和航空设施全部化为乌有。下午

5时半，英国主力舰"威尔斯太子号"和"击退号"率4艘驱逐舰从新加坡军港开出，第二天就被日机炸沉，熊熊烈火映红了天空和海洋。

新加坡市区的商店挤满了抢购粮油日用品的人群，许多人纷纷搬离市区到后港、樟宜等偏远地方去。日本和英美盟军已正式开战，新加坡警方更积极地搜捕潜入新加披的日本特工人员。

战争爆发的前一天，徐悲鸿还和黄孟圭一起，在武吉知马附近的敬庐学校参加学生的联欢会。画家在演讲中勉励学生刻苦耐劳，勤奋学习。学校内唱歌跳舞，还请来魔术师表演。徐悲鸿顺道看望了在这里为他裱画的邱珍祥师傅，邱师傅在敬庐为徐悲鸿装裱了300多幅画，那是到美国参加展览的作品，最大的《愚公移山》也是在敬庐托裱好的。但谁也没有想到战争来得这么快，孩子们的欢乐笑脸马上消失得无影无踪。

轰炸后第二天清晨，头戴呢帽、领结一朵法国艺术家的红领花、手提一根羚羊角"士的"的徐悲鸿，一早匆匆从江夏堂赶到中华书局。在他刚刚离开准备到吉宁街朋友处，行经中央警署时，警署内冲出一位身材魁梧的马来籍警员。徐悲鸿被一把抓住，不由分说，被推入警署内。

徐先生听不懂马来籍警员讲的是什么，但已意识到，在战争爆发的日子里，自己已被当成日本人。眼看就要被关进警局后面的临时拘留所的时候，一位英国警官来到，徐悲鸿也就交由这位警官处理。

徐悲鸿不懂马来语和英语，法语和华语对方又不懂，只好把自己印着中、英、法三种文字的名片递上。警官一看之下，才知抓来的是鼎鼎大名的大画家徐悲鸿教授。维多利亚纪念堂里的总督画像就出自他的手笔，《海峡时报》报导他卖画所得的钱简直是天文数字，这样的人物请还请不到呢。

警官是个有心人，马上敬礼致歉，并邀徐悲鸿到他的办公室去喝茶。徐悲鸿生怕刚才马来警员的形象在自己脑中消逝，马上在办公室里拿出铅笔和速写本，神速地把刚才身历其境的一幕默写下来。又在画上题上"可嘉的敌意"几个字。

英国警官目睹在几分钟内的这一切，佩服得五体投地。他马上召来一名华籍警员向徐悲鸿翻译和转达他的意思："我为刚才发生的事向您致歉。我十分钦敬阁下，因此大胆地向您提出一个过分的要求，希望阁下把刚才完成的这幅画送给我，让我珍贵而永久地保留它。"

徐悲鸿问过警官的名字，又写上为了纪念一宗"可嘉的敌意"的事件而画这幅画，郑重地送给了这位英国警官。

这幅画战后曾在伦敦某刊物刊登，此作只有纵20厘米、横13厘米大小，但对于第二次世界大战时的新加坡和一位著名艺术家自己，都有着特别的意义。

赴美展览告吹

战争的爆发不但改变了历史的进程，也改变了每一个人的生活。

徐悲鸿在新加坡、马来半岛及印度举办画展的成功，鼓励他做出新的尝试。抗战爆发后，美国友人组织了以罗斯福夫人为首的美国援华联合会，黄孟圭与该会的林语堂曾共事于北京大学，便帮助徐悲鸿致函联络。

1941年6月，林语堂、赛珍珠来信邀请徐悲鸿赴美举办"中国现代第一流画展"，并负担徐悲鸿到美国后的一切费用。

8月，徐悲鸿从槟城返回新加坡，积极准备画作，也写信向国内名家征求作品。另外又向刘抗先生提出以自己的画来交换一张对方的油画《虾》，以便带到美国展出。此外他也为新加坡的好友赠画告别留念，以感谢他们多年来的帮助。其中赠黄曼士中国画《十骏图》、油画《传真》，重阳又为其题"百扇斋"等，赠黄孟圭中国画《十一骏图》《秋鹰图》《秋鹰吟》，并题"敬庐""松风阁"等，赠广洽法师、符志遂、符志远、韩槐准、林学大、李曼峰及南洋美专等人画作和书法作品。

这几个月，徐悲鸿虽有即将赴美洲之行的喜悦，但出国三年奔走于外，邀蒋碧微同赴美国被拒，婚姻复合无望，又挂念在炮火下成长的一双儿女，国难家愁，心情惆怅之极。这一时期的画作多有与战事有关的题款，如：

> 第二次长沙会战，忧心如焚，或者仍有前次之结果也，企予望之。（《奔马》）

> 辛巳大暑，俄德鏖战死伤三百万之际，悲鸿居星洲餐此秀色，人尚有远甚于此者。（《紫兰》）

一天，在印度相识的书法家俞龙孙先生到百扇斋拜会徐悲鸿，徐先生赠一幅《马》给他，题款：

> 人生聚散不常。但当乱离之世，尚得往来，相庆无恙者，非天与厥福乎！

战争紧迫在即，徐悲鸿可能早已感其先兆。

1941年11月徐悲鸿将展览的资料目录、照片寄往美国，自己的几百幅作品已交船运公司先运走，其余大多数展品也装箱待运，但计划成空。太平洋战争爆发后，许多航行美国的轮船公司马上宣布停航，一些肯冒炮火风险的轮船公司不但收费昂贵，而且要美金现钞交易。12月10日，日军在马来半岛哥打巴鲁以南的巴宝海滩登陆，分三路长驱南下。12月15日，徐悲鸿刚离开几个月的槟城沦陷。日军势如破竹，兵临城下，使徐悲鸿进退两难，赴美洲大陆举办画展的计划也成终生之憾。

最令徐悲鸿困扰的是他随身携带的近百箱珍贵艺术品无法带走,又将如何处置?他在全岛各偏远地点寻找隐藏的地方。这一大批名贵的艺术品包括:

徐悲鸿由南京带到桂林再带到新加坡的一千多幅自己的代表作,包括在法国留学时期的素描和欧洲各大博物馆的世界名画的摹本。

徐悲鸿历年搜集的中国古代绘画作品、陶瓷、文玩、珍本印拓书刊,包括著名的《八十七神仙卷》等。

徐悲鸿在新加坡、马来半岛和印度三年来所画的数百幅作品,这些是他一生中艺术顶峰时期的作品。

徐悲鸿历年搜集的中国近代画家任伯年、居巢、齐白石、张大千、高剑父、高奇峰、陈树人、赵少昂、吴作人、黄君璧、傅雪斋等人的数百幅作品,其中任伯年与齐白石的便有200多幅。

这批艺术品当年已价值不菲,今天更难以估量。这是徐悲鸿计划在中国筹建第一所美术馆的全部资产。

枯井藏宝

罗弄泉(Lorong Chuan)40多年前还是一片热带雨林包围的乡村地带,这里有一所福建安溪会馆办的崇文学校。校舍虽然偏僻,但园主允许校方砍去废弃无用的橡胶林木,所以地方十分充裕,亚答屋的教室就有篮球场那么大。校长钟青海先生根据马来语译音给这片地方起了个典雅的中文名字——罗弄泉。

1942年罗弄泉枯井所藏徐悲鸿留法时期素描

1942年罗弄泉枯井所藏徐悲鸿留法时期女人体素描

新加坡被日机空袭后,林庆年、庄惠泉、柯进来等安溪会馆的董事,疏散到这所崇文学校内。林庆年、庄惠泉都是当时抗日筹赈活动的领导人物,也是80人的徐悲鸿画展筹委会的领导人。庄惠泉是钟校长的妻舅,也是后来136人抗日部队的领导人。他们也安排徐悲鸿疏散到崇文学校。

钟校长是位书法家,早已在林庆年的林金泰茶庄和徐悲鸿相识。他马上安排各人的食宿,庄惠泉和钟校长同住,林庆年一家住在原私塾老师的住处,徐悲鸿则一人住在图书馆后面的小房,其他人大多住在教室里。只有很少人知道崇文学校来了一批不速之客,前来探访徐悲鸿的只有黄曼士、刘汉钧和徐悲鸿在槟城相识的17岁女友等几个人。

1942年1月,日军兵临城下,破城之日似乎指日可待。经过大家周密的商议,原先放在黄曼士家中的徐悲鸿的绘画、书籍、印拓、陶瓷、印章,

罗弄泉枯井中所藏徐悲鸿男人体素描

还有几十幅不易携带的油画被秘密地运到崇文学校，并装好在一些皮蛋缸里。当年才十几岁，在上海书局工作、帮助黄曼士搬东西的饶力吉回忆当时的情况说："在日军进城前，包括黄曼士自己的东西，足足运了两罗厘（卡车），共几十个箱子到罗弄泉。"他们在学校附近一间废弃的亚答屋后面将这批艺术珍品埋在一口井内，罗弄泉虽然有个"泉"字，不过那只是口枯井，附近杂草丛生，十分隐蔽。

庄惠泉等在日军攻城的前几天乘坐汽艇逃出新加坡。徐悲鸿因为这些书画艺术珍品是毕生的心血结晶，数量多、体积大，未到最后一刻，他都不舍得放弃，他甚至决定留下，与这批艺术品共存亡。

此时常到崇文学校的那位刘汉钧说服了徐悲鸿。据说他抗战前在南京夫子庙当茶房。"九一八"后跑了趟东北，回来时拍了张头戴翻皮帽，身穿军大衣的照片，登在杂志上，说他是抗日游击队的刘将军。之后到南洋，说是为抗日游击队筹款。他听到徐悲鸿要留在新加坡，连声问："这，这是什么缘故？别人可以留下。你徐先生怎可以不走？你是国际闻名的大画家，万一牺牲掉，将是多大的损失！"这位"刘将军"手拍胸膛，保证帮徐悲鸿运一部分物品回国。

1942年1月下旬，徐悲鸿匆匆带上自己约一千幅作品和其他珍贵物品，还买了一块送给女儿的瑞士手表，匆忙登上沦陷前最后一艘开往印度的大船。同船的有刘尊棋夫妇、余颂华夫人，他们准备取道缅甸回国。码头挤满争相离去的人群。

1942年2月15日新加坡沦陷后，前往码头送行的刘志我以及张汝器、何光耀均遭日本宪兵的"大检证"杀害。日本军队到崇文学校搜捕林庆年、庄惠泉、徐悲鸿等人，但早已人去楼空。还在那里的柯进来被日军抓到，日本军官用雨伞一下子就把他手中捧的鸡蛋打碎在地，但因最终不知道柯先生的身份而把他放过。枯井藏宝的秘密一直埋藏到战争结束之后。

而徐悲鸿乘坐的轮船，不久也传来在密布水雷的马六甲海峡遭遇日机轰炸的消息，后绕道苏门答腊以西的海域航行了10天，到达仰光，终逃出生天。

徐悲鸿2月初从陆路经缅甸抵云南畹町口岸，安全回到中国后，在保山画了一张双马，题：

此去天涯将焉托。伤心兢爽亦徒然。

其后又画了一张墨竹,取意竹报平安。粗直的竹干,疾风中的几片竹叶,笔墨淋漓,画的左侧题句:

疾风雷雨无时已,问卜何年见太平。

原刊1985年9月16日新加坡《南洋星洲联合晚报》
参见余喜鹊《徐悲鸿的故事》、蒋碧微《我与徐悲鸿》

徐悲鸿藏宝记（下）
——黄梨树下的秘密

愚趣园的红毛丹园，是徐悲鸿1942年数度寻觅的藏宝地点之一。战争结束后，徐悲鸿写信感谢韩槐准：存箱皆付带到，所有瓷器皆无损坏。而诸箱累曼士二哥及先生过于十载，诚生平可记之事也。

愚趣园藏宝

1942年的农历岁末，日本军队的迫击炮和飞机轰炸声断断续续，日军马上就要跨越柔佛海峡了。

夕阳西下的愚趣园里，韩槐准、韩岐丰父子把徐悲鸿留托的数百件艺术珍品，还有韩槐准自己的几千块钱，分装在大约1米高的两个水缸里。然后用水泥封口，全部涂上防潮的黑油漆，悄悄搬到愚趣园30米外的厨房后面。鸡寮再过去，是一条山沟，山坡两旁遍种红毛丹树，鸡寮旁边还有一个臭气

1942年徐悲鸿藏宝地

熏天的小便缸，平常谁也不会到这里来。

身材高大的韩岐丰，只用了一个钟头的时间，就在山坡上平行向内挖了两个2米大小的洞，将两个沉甸甸的黑水缸放进洞里。两洞之间相距约2米，这样即使被人发现其中一缸，未必能发现另外一缸。最后他们铺上草皮，还在上面种上一棵黄梨（菠萝）为记号。

位于汤申路约14公里的愚趣园是韩槐准在1936年用700块钱买下来的，他在12亩多的荒岭上遍植200多棵红毛丹树。园内的"愚趣园""愚趣斋"

当年的韩歧丰

愚趣园藏宝示意图

横额都是徐悲鸿的手书。徐悲鸿曾问韩槐准:"为什么叫愚趣园?"韩槐准说:"我是个傻子,乐在其中,所以叫愚趣园。"其实韩先生是大智若愚。

韩槐准是海南文昌人,早年做过割胶工人,经刻苦自学而成考古学家。他的无性繁殖法栽种的红毛丹,果熟之日,他常邀文化人到园内品尝,谈诗、论画、考古。

1939年韩槐准邀徐悲鸿、黄曼士、徐君濂、黄葆芳等齐集愚趣园,大家边吃、边写、边画,郁达夫即时有诗咏:

卖药庐中始识韩,转从市隐忆长安。

不辞客路三千里,来啖红毛五月丹。

身似苏髯羁岭表,心随谢翱哭严滩。

新亭大有河山感,莫作寻常宴会看。

徐悲鸿从印度回新加坡后,又画了《竹鸡图》《喜马拉雅山》等多幅字画赠韩槐准。

1954年韩槐准在《红毛丹种植谈》一文中，记载徐悲鸿在"日本行将南进之际，遂摒挡一切，预谋逃离，乃将一部分藏品托笔者代藏。一再驾临敝园，时红毛丹正熟，红绿相辉映，徐教授一见之下，深觉富美术感，乃写一《红毛丹图》赠予笔者，其题云：吾慕韩夫子，卜筑山之麓。宁静识物理，艺果满其谷。甘美无比伦，饱食畅所欲。太平他年事，岁暮亦何连。暂别当再来，结邻效芳躅。"

韩先生留下的这段文字，记录了新加坡沦陷前，徐悲鸿到愚趣园多次观察地形环境这一史实。徐悲鸿留在愚趣园过了几夜，而兴之所至，半夜三点或五点起床，将宣纸铺在长几上，一气呵成，连画数幅。或奔马，或雄鹰，遇有败笔的就丢在一旁，画完选其中一两幅题款签名，其余统统不要，不过韩槐准还是一律收起。

他们俩虽然言语不通（韩槐准不会讲北方方言），有时黄曼士、郁达夫等人为他们翻译，有时就用笔写在纸上。虽然如此，说（写）到高兴处，两人哈哈大笑。

那几天里，徐悲鸿和韩槐准一家大小相处得很高兴。接受我们访问的韩岐丰先生时年十六七岁，曾在徐悲鸿一旁磨墨。徐悲鸿看着岐丰几兄弟，说岐丰长得高大、样子像雄鹰，就画了一张鹰。（编著者注：2001年我才见到徐悲鸿为韩歧丰画的这幅鹰，画上题："呼吸入长空，夭矫神龙舞。凌轹日月光，助长风云怒。未应怀饥肠，威逼弱者惧。歧丰世讲存念，辛巳冬至，太平洋大战之际，尚得在愚趣斋啖红毛丹，亦人生偷得之幸运也。"清晰记录徐悲鸿到愚趣园选址的时间，是在1941年12月冬至。）看岐丰哥哥老实，就画张松树。另外又为弟弟画了张大公鸡，送给兄弟各人。

一天，黄曼士送来一大木箱，里面有陶瓷、书画、玉器、图章，包括徐

徐悲鸿画的《飞鹰》赠韩歧丰,记录了1941年冬至到愚趣园选藏宝地的时间

悲鸿常用的"江南布衣"那几方印章。这些就是徐悲鸿先行回国后，韩槐准父子在红毛丹园埋藏的那批珍品。

1942年1月31日上午，新柔长堤被炸毁。2月1日柔佛海峡彼岸的日军开始向新加坡岛开火，新山市打来的迫击炮弹把愚趣园的红毛丹打得枝叶乱飞。韩槐准一家躲到后港，几个月后才步行约20公里回到愚趣园。老天保佑，山坡上的那棵黄梨安然无恙。

新加坡沦陷的三年零七个月里，虽然愚趣园附近的医院有很多日本兵来往，也有一位叫左由正的日本兵常到愚趣园学做蓝靛染料，但黄梨树下的秘密却埋藏了将近十年。

疾风雷雨后

徐悲鸿还有不少书画藏于黄曼士的百扇斋，日军进城后的"大检证"屠杀中，黄曼士在爪哇区受检，因为被传染到当时流行的"红眼症"，日本人又非常讨厌这种"赤目症"，便允许他去密驼律的教堂内候检。黄曼士数天不出教堂，一直到"大检证"结束后才回到家里把徐悲鸿存留的书画物品藏好，损失的只是被日本兵抢去的怀表和派克笔。三年多时间里，曼士只出门可数的几次，日本人也没来光顾，存于百扇斋内的东西也因而得以保存。

1945年日本投降，第一批英国护舰队在9月3日到达新加坡。下午2时，一名英军爬上市政厅屋顶，把太阳旗降下。7万多名日本官兵被集中看管。9月7日《海峡时报》重新发行，新加坡整个城市苏醒过来，昭南时代似乎永成为过去。

那是一个天气晴朗的早晨，黄曼士和林金升（林谋盛烈士第十四弟）到崇文学校找钟青海校长。他们在草丛中找到那口藏宝的枯井，并将所有物品起出。在学校吃过午饭后，趁学校战后还未复课，崇文学校的大教室铺满了泥土中受潮的每一件物品，钟校长用了两个多月的时间清理晾干。我们所看到的有徐悲鸿在法国时期的100多幅人体素描，有徐悲鸿题识的《精拓云峰山诗刻》拓本，徐悲鸿从印度购回的《India And China A Photographic Study》，这本画集在井下受潮，沾满泥土，刘抗先生一页一页撕开，里面还夹有一封高剑父写给徐悲鸿的信。

1948年徐悲鸿信告黄曼士、韩槐准，将有学生陈晓南自美国经新加坡返国，请韩槐准将藏于愚趣园的物品移存百扇斋黄曼士处。那棵黄梨树历尽沧桑依然健在。韩槐准、韩岐丰将水缸挖出，并将所有物品，一件一件放回徐悲鸿原来的大木箱里。

1949年5月，陈晓南到新加坡，黄曼士、韩槐准将战争中保存下来的几大箱物品交陈晓南带回。今天徐悲鸿纪念馆中为数不少的藏品，就是在新加坡炮火中保存下来的。

徐悲鸿后致函韩槐准：

> 昨日门人陈君晓南过星，黄兄将弟存箱皆付带到，所有瓷器皆无损坏，而诸箱累曼士二哥及先生过于十载，诚生平可记之事也。

1951年4月，徐悲鸿病中寄给韩槐准手书诗：

> 十年长忆海南韩，愚趣园中嘉会难。篱落参差存古意、宾朋细品红毛丹。槐准先生细选佳种手植红毛丹成林，早熟之日，辄邀嘉宾集园共赏。吾居星洲、幸首次与会，有'日啖红毛丹百颗，不妨长作炎方人'之句。于今别十年，每届季节辄生遐想，写赋短章，用寄相思。

徐悲鸿写给韩槐准的信件

而那幅《可嘉的敌意》，有消息说：一位曾在新加坡警察部门服务的英国退休警官，把一小帧极为珍贵的中国画家的速写，捐赠伦敦英国国家博物馆。

原刊1985年9月17日

新加坡《南洋星洲联合晚报》

学困巴黎
缘结星洲

1925年徐悲鸿为什么万里迢迢到新加坡来？

徐悲鸿出门遇贵人，新加坡的"贵人"帮助了他：黄孟圭、黄曼士、林谋盛……

落拓巴黎

1925年秋，一艘从法国起航的远洋客轮经地中海、印度洋、马六甲海峡，驶向英国海峡殖民地的新加坡港。

船舱里30岁的徐悲鸿，头发中分，细格西装，戴结着巴黎艺术家时兴的大黑领花，几乎没有行李。他按捺不住希望与焦急的复杂心情，望了将近一个月的大海。在这位青年画家的眼里，马六甲海峡的赤道云霞变化多姿，时而像奔马、飞鹰，时而又像雄狮。但有时只剩下灰蒙的苍天，一望无际的大海，恰似人生的旅途，有时绚烂辉煌，有时茫茫前路，何处是岸。

他已不是第一次到新加坡来了，五四运动前夕，1919年3月，徐悲鸿获得官费留学法国，与中国第一批勤工俭学的95名留法学生，乘搭一艘载重7000吨的日本小轮，从上海出发经新加坡，那时他还没有注意到这个会对他的一生有着重大影响的小岛。

枯燥乏味的海上旅途中，几年来的生活苦况，总是在脑海里挥抹不去：大清帝制被推翻，孙中山被刺，北洋军阀走马灯般地被替换。中国苦难的岁月里，他们在国外赖以生存的政府官费津贴开始还时断时续，到了1924年后就像断了线的风筝，没有着落了。世界经济大萧条下的法国，找工作并不容易，即使他去布置橱窗和画插图，妻子又去做绣花工，仍是捉襟见肘，于事无补。每月的屋租、每日的面包，贫穷到几乎断炊的地步，更难凑足回国的船费，有家有国也归不得。

1924年，他画了张优秀的男人体素描，但一想到进退维谷的境遇，便激动地用铅笔在画旁题上：

岁始写于巴黎，时为来欧最贫困之节，至无可控告也。

在另一幅女人体素描旁题：

悲鸿在欧最倒运时。

1925年他在另一张画上题：

西历1921年4月26日，法国美术会先法国艺人会五日开展览会。余往观时，已暮春，忽大雪。余无外衣，会中寒甚，不禁受而归。意浴可却寒，遽浴未竟，腹大痛，遂成不治之胃病。嗟乎！使吾资用略能作一外衣者，当不致是。今已四年，病作如故，作辄大痛。人览吾画，乌知吾之为此，每痛至不支也。虽然一息尚存，胡能自已。

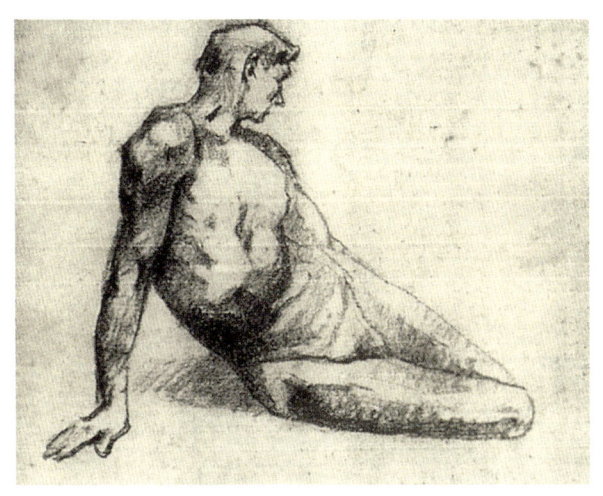

罗弄泉枯井所藏徐悲鸿留法初期素描

然后再盖上一方"自强不息"的印章。

徐悲鸿在自己的名片上愤而自署"落拓巴黎"四字，但山穷水尽的境遇丝毫没有动摇他刻苦求学的精神。他十分喜爱普鲁东的《公理与追逐》这幅名画，但穷得连衣服都不够的徐悲鸿，画布更买不起，只好拿一块普通的旧布到博物院去临摹。一位衣着光鲜的老画家走过，看见一个华人在那连画布都不是的布上起稿，不屑地看上一眼就走了。第三天后，画已基本画好，那位老画家又来了，他在徐悲鸿的背后看了很久很久，最后称赞他临摹得恰到好处，并向徐悲鸿道歉前天瞧不起人的错误。徐悲鸿下决心一辈子保存这幅画作纪念，无论多少代价都不能卖出去。他后来在新加坡向华人美术研究会的青年画家讲了不少这些故事，并把《公理与追逐》这幅画带到新加坡展览。但这次身怀着萍水相逢的黄孟圭先生的介绍信，踏上新加坡码头的时候，他不知道热心朋友的帮助是否会起作用，也不知道能否筹到今后在巴黎生活下去，或是和妻子一道回国的钱。他热爱艺术，刻苦勤奋而到忘我的地步，但现实却更迫切地需要能够生存下去的钱。

平生遇黄　逢凶化吉

1965年，在把徐悲鸿介绍到新加坡来的黄孟圭先生去世前150天里，在医院断断续续地给自己的女儿讲述了他和徐悲鸿相识的经过：

1925年，黄孟圭在美国哥伦比亚大学修毕教育学硕士学位，转赴欧洲考察。偶尔到中国驻巴黎领事馆访赵颂南总领事。经赵的介绍，他认识了徐悲鸿。两人到街边咖啡馆，一谈就是四个钟头，相见恨晚，约定次日到徐悲鸿家中欣赏徐的作品。那时徐悲鸿在法国已逾六年，留学官费中断。本来以徐悲鸿一人的官费，用于徐悲鸿、蒋碧微夫妇二人已是不足，一旦停发，生活顿成问题。留在巴黎，谋生乏术；有意回国，两人旅费筹措不易。这天正是蒋碧微要徐悲鸿到领事馆查询官费的下落。

当年徐悲鸿的家在巴黎租金最便宜的第七层阁楼上，黄孟圭早年在北洋大学求学时患关节炎，落下病根遂成跛子。拐到七楼，其苦可知。黄孟圭在徐家看过徐悲鸿的画作，再环顾四壁后，已略知徐家的生活情况，徐悲鸿也坦言相告眼前的困境。

黄孟圭出国留学是由黄姓族人——上海中南银行老板黄奕柱出资，每月由中南很行汇20英镑为生活费。黄孟圭不时把节约下来的钱寄给太太作私房钱，自从结识徐悲鸿后，以有限的收入支付三人所用，再也无力寄私房钱。后来夫妻偶尔提及，还引为笑谈。

时陈嘉庚电催黄孟圭回国任厦门大学校长，徐悲鸿的官费津贴也毫无恢复的机会。长此下去，如何是好？黄孟圭便写了一封信给在新加坡的二弟黄曼士求助。

黄曼士时任南洋兄弟烟草公司新加坡分公司总经理，交游广阔，能讲各种方言，疏财好客，并爱收藏字画古董，称其居为"百扇斋"。黄曼士先生即复信徐悲鸿到新加坡小住，介绍他为南洋的侨领画像。商量之下，决定徐悲鸿一人前往，黄孟圭另修一书，由徐悲鸿随身带给黄曼士。信中嘱二弟善待徐君，照料在星食宿一切。徐悲鸿在黄曼士的周到照顾下安顿好了食宿，黄曼士还时常探望他。

黄曼士向商绅推介徐悲鸿时曾打趣地说：有钱有地位的人物，百年之后，默默无闻，唯有生前请名家画像，后代为了研究名画，同时考据画中人物，岂不是与名画一同流芳千古？

徐悲鸿与黄曼士定交照

1926年除夕那天,黄曼士特备时蔬佳肴招待徐悲鸿。菜一上桌,徐悲鸿竟两眼发直,酒仅沾唇,菜不举筷。曼士以为他身体不适,细询之下,徐悲鸿泪如泉涌,号啕痛哭。稍后才说:"你待我情逾骨肉,又特备这丰盛的年夜饭,我本不该失态在你面前啼哭,但人非草木,只是与碧微患难夫妻,此刻她不但房租水电全无,恐怕连面包钱也没有,我纵有铁石心肠也咽不下去。"黄曼士好言相慰,问需用多少?徐悲鸿答最少要500法郎。于是黄曼士当即带徐悲鸿到海山街,电汇800法郎,又另发一快电通知蒋碧微。归途中,徐先生一直把"我不知道将如何报答你"这句话道个不休。当晚他喝得酩酊大醉,直至第二天傍晚才醒过来。

在黄曼士的帮助下,徐悲鸿几个月内又筹到数千元。徐悲鸿毕生称黄氏昆仲为大哥、二哥,徐悲鸿的许多重要作品都出自新加坡江夏堂。黄氏昆仲也获徐悲鸿所赠数百幅字画,1939年黄曼士生日,徐悲鸿画双鹤祝寿,题诗赞颂黄曼士:

千金一诺寻常事,济人抑富具柔肠。

又为黄曼士画素描像,题:

己卯元月为曼士二哥五十造像,悲鸿六次游星洲。

1941年7月又题对联赠黄曼士:

深谋远虑,济众博施。

徐悲鸿一生受到黄警顽、黄震之、黄孟圭、黄曼士的襄助和恩惠。麻坡泉漳公会落成及选举之时,请黄孟圭代向徐悲鸿索求《奔马》一轴,徐悲鸿

新加坡江夏堂

1939年1月徐悲鸿在江夏堂住下后,在小纸上写下:"遐迩尽爆竹声喧,浪迹天南目黯然。总觉行藏全不惯,看他溽暑过新年。"

江夏堂匾额为黄氏族人清末武状元黄培松题

画好后题款:

> 余一度改名黄扶，平生遇黄，逢凶化吉。

结交林谋盛

徐悲鸿把他在新加坡所得的钱，在上海买了一批金石书画，回法国时途经新加坡，没有长留。

1926年从新加坡赴上海返法国途中，第三次到新加坡。回到巴黎后的徐悲鸿，即使在课堂上画着女裸体模特素描，但仍心猿意马，回忆着新加坡短期生活的见闻。

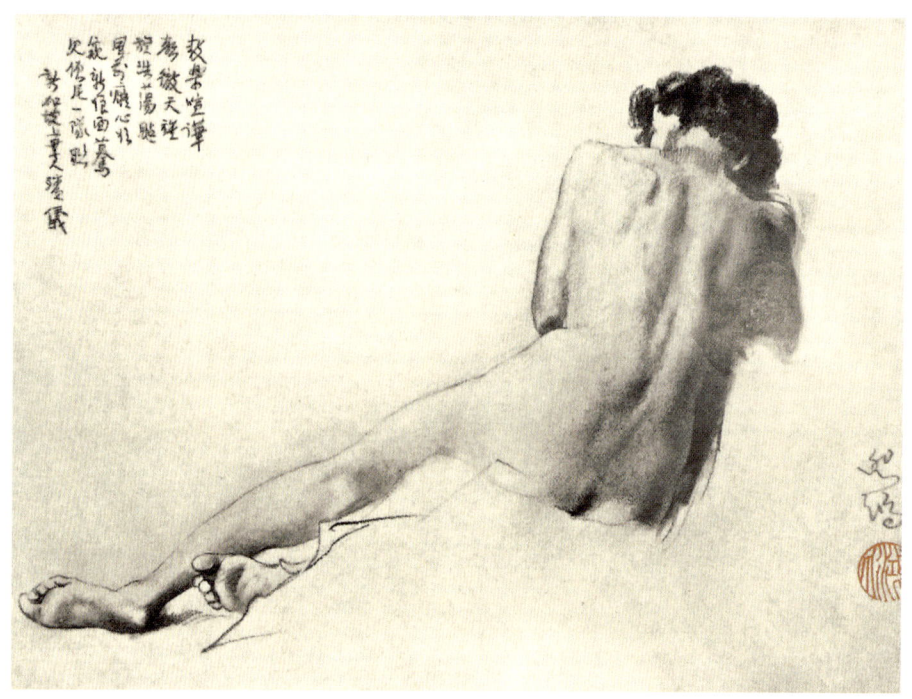

徐悲鸿在课堂上画着素描，但仍心猿意马，在裸女素描上角写下《新加坡华人殡仪》一诗

海外华人生活习俗的异同使他感觉新奇，他在裸女素描上角写下《新加坡华人殡仪》一诗："鼓乐喧哗声彻天，旌旗浩荡飐风前。痴心始窥新信面，蓦见僧尼一队联。"

但在巴黎苦撑了八个月之后，又陷山穷水尽、无计可施的地步，即使是回国的单程旅费也没有。时中法大学教务长李圣章先生来访，但也只能借出徐悲鸿一人的旅费。

1927年4月徐悲鸿匆匆乘轮船赴新加坡，尝试再次为这里的华商画像，然后汇钱给妻子购船票返国。在船上他遇到在法国取得博士学位的严济慈先生，为他画了一幅素描像，并题上"科学之光"四字。

1925年至1927年的新加坡，华人只有30多万，橡胶业的兴旺，带动了经济的繁荣。当时华资绞胶厂就有近20间，华商还经营黄梨罐头、糖果饼干、建筑水泥、火柴肥皂等行业，许多人都在数十年间而成巨富。

一年前黄曼士把徐悲鸿介绍给陈嘉庚画像，这次则介绍给福建南安的同乡林志义先生。林志义先生的福安公司经营建筑和饼干厂，以后他的第十一子林谋盛还继承父业，并担任新加坡建筑商公会会长。

徐悲鸿为林志义画了两张肖像。一张后来藏于南京博物院。另一张画上则题款：

> 林志义老伯有十八子，孙曹多无可算，下能举之何房，请安相见，唯唯而已。造车可容十余人，用以送迎诸郎入学，亦佳话也。
>
> 丁卯长夏悲鸿写之。

福安公司的顶楼设一俱乐部，取林志义先生在福建用名"林露"之"露"，名为"玉露"俱乐部。是福安公司林氏家族和福建南安人经常聚会的地方，徐悲鸿、黄曼士也经常到那里。徐悲鸿为林家的兄弟姐妹，一家大小画了很多肖像。有的是写生，有的照着古老的玻璃底板的照片画，也画了许多速写送给了林家的子侄。

几个月内，徐悲鸿除了又筹到一笔可观的钱外，还结识了林谋盛和他的兄弟。林谋盛时年18岁，就读于莱佛士书院。1939年徐悲鸿再度南来时，林谋盛与林庆年、庄惠泉等已成为新加坡社会上的少壮派实力人物，也是新加坡抗日活动的领袖人物。他们为徐悲鸿画展的筹备展出，联络英、华、巴厘的商政名流，为安排徐悲鸿在新加坡的主要活动起了很大的作用。1942年徐悲鸿藏宝的地点之一，就在福安公司宿舍附近的罗弄泉。

也是诗人的黄孟圭曾有诗咏徐悲鸿为林志义、林谋盛父子所画的肖像：

徐悲鸿与林谋盛的合影

点缀山斋到画屏，

昂藏笑亦入丹青。

须眉宛在怀前辈，（1927年林志义像）

骨相非凡况壮年。（1939年徐悲鸿为林谋盛所作素描像）

伤心家国无穷恨

1933年徐悲鸿以中央大学艺术系教授的身份，携带中国近代名家绘画作品赴欧洲巡回展展出的途中曾到星洲，是他第五次到新加坡。一直到1939年1月才因为家庭破碎、国家蒙难，第六次再到新加坡来，并一直住到1942年1月新加坡沦陷前夕。其间曾到过印度、缅甸和马来半岛。

《蒋碧微像》是1954年新加坡徐悲鸿遗作展的展品之一

导致1939年徐悲鸿南来的原因相当复杂：徐悲鸿与蒋碧微分居冷战多年，1938年1月12日两人发生剧烈争吵后，徐悲鸿取走简单行李再次离家。

中国东北、上海、南京相继沦陷之际，1938年在武汉成立军委政治部三厅，将一批文化人组织起来参加抗战，第六处处长田汉邀徐悲鸿来担任美术科科长。

徐悲鸿1938年4月赶赴武汉准备上任，但他走错了路，没有到三厅的所在地昙花林，而跑到政治部本部去了。他一个人在政治部主任陈诚的办公室里坐了几个小时的冷板凳，无人理睬。三厅厅长郭沫若接到电话赶去，已是午饭时间，气氛有点异样。徐悲鸿气恼地说："我不准备做官了。我要到广西去，美术科要挂我的名字也可以，我的名字就是被利用，也不会用烂。"说完便急于上火车离去。

徐悲鸿觉得自己在"革命衙门"内遭到"冷遇"。后来他组织以吴作人为首的战地写生团去台儿庄等地战地写生，想把全民抗战这一伟大历史史实，用绘画的形式记录下来，但也遇到阻力和困难，艺术家大有报国无门之慨。

徐悲鸿离武汉后到长沙把孙多慈小姐一家接到桂林，并在广西报纸上刊登与蒋碧微分手的启事。但孙多慈父母坚决反对他们之间的感情发展，一家悄然离开广西到浙江丽水，徐悲鸿在感情上又受一沉重打击。

1938年5月26日徐悲鸿画了一幅自画像，他把自己画在青山、巨石、松柏、激流、幽兰之中，仰天长望，寄托家愁国难的心境。诗题：

望石依流水，幽兰香作盛。

遥看群动息，伫立待奔雷。

孙多慈（左二）与黄曼士夫妇（右一、右三）合影

此时在印度国际大学担任中国学院院长的谭云山回到中国,向徐悲鸿转达了泰戈尔的书面邀请,以答谢徐悲鸿赠作品予国际大学。

6月,德国驻广州领事向徐悲鸿函购了七八幅画,徐悲鸿便把所得的几百元当作到新加坡的旅费,并有意在到印度之前,在新加坡举行画展,将售画所得全部捐献给国家。

南京沦陷之前,徐悲鸿为了躲避日本飞机的轰炸,将他的重要作品和历年搜集的中西字画文物,全部藏在桂林七星岩的山洞里,这次则取出一千多件准备运到新加坡。当时战事已蔓延到湖南,陆路交通被封锁。徐悲鸿只好乘船顺西江漂流,进入香港,住在跑马地山村道中华书局经理郑健庐先生家里。因护照问题,又焦急地在香港等待了两个月。

徐悲鸿在香港不断为新加坡的画展准备画作,赵少昂先生成为他在香港最好的朋友。1939年5月,徐悲鸿将赵少昂赠送的居廉扇面转赠黄曼士,并题:

　　吾友剑父、奇峰昆仲及树人,皆受业居氏,少昂传奇峰之学。廿七年岁晚,吾居港两月,与赵君过从颇密,蒙赠此页。曼士二哥赏之,因即转赠。

又购扇面多幅并题赠黄曼士:

　　洁轩戴先生乃季陶先生之祖父,好文学艺术,能骑射击剑,未尝仕进,高士也。曼士二哥爱之即以转赠。

　　当是一名高手,惜吾见闻不广,竟不知其人。曼士二哥盍为察之。戊寅十一月悲鸿。

徐悲鸿还请香港中华书局用珂罗版精印他随身携来的《八十七神仙卷》,但未等及出版即在1939年1月4日乘荷兰邮轮赴新加坡。离港之时给孩子写了一封简短的信:

伯阳、丽丽两爱儿同鉴：我因要尽到我个人对国家之义务，所以想去南洋卖画，捐与国家。行未到半路（香港），便遭封锁，幸能安全出国。但因未领得护照，又多耽搁了近两个月，非常心焦，亦无别法可行。兹定今夜（1月4日）乘荷兰Van Heufze号邮船赴新加坡，在路上有4日，如能一切顺利，2月中定能返到重庆。国难日亟，我虽在外，工作不懈。身体不好亦不坏，可勿念。你二人须用功算学及体操，旧邮六张，两人分之。外祖父前代我请安，母亲代我问安。

1939年1月9日下午，徐悲鸿身着夏威夷恤衫，随身携着毕生全部心血的一千多幅画抵达新加坡。但今时已不同往日之穷学生，黄曼士等好友及新闻记者早已在码头迎候。徐悲鸿对记者发表谈话，再次表示艺术家应将其所能贡献国家，尽国民的义务。

徐悲鸿的原意是到南洋印度两三个月，但没有想到在新加坡获得的巨大成功，补偿了他在家庭与报国心上的失意。在这里所受到的尊敬和佳作频生的创作喜悦，使他流连忘返长达三年，直到太平洋战争的炸弹扔到新加坡后，才匆匆返国离去。他随身携到新加坡的艺术品，有些直到10年之后才取回，而在新加坡则留下数以千计的珍贵创作。

徐悲鸿到新加坡后，孙多慈曾寄来一首诗，其中两句是：

　　伤心国家无穷恨，红树青山总不知。

原刊1985年9月18日新加坡《南洋星洲联合晚报》
参见黄美意《徐黄二家的友谊》《黄曼士纪念集》

万马奔腾江夏堂

徐悲鸿曾称黄孟圭、黄曼士昆仲为"生平第一知己",芽笼35巷的江夏堂既是徐悲鸿在新加坡的居所,也是画室。徐悲鸿的百千匹水墨骏马、总督画像、王莹画像、李惠望画像等许多作品,都诞生于江夏堂。

江夏堂与百扇斋

徐悲鸿在南洋得助最大,视为恩人、称为二哥的黄曼士,年龄比徐悲鸿稍长,祖籍福建南安县,出生于福州,伯父是清末武状元黄培松。因将门之后,自幼随伯父入广东贵胄学校学陆军,后转入北京五城学校(后陆军大学)。从小在闽、粤、京读书生活,故能讲各地标准方言,后至新加坡任南洋兄弟烟草公司分公司总经理,交游广阔,好书画古玩与园林盆栽。20世纪30年代在新加坡芽笼35巷筹建江夏堂,即南洋黄氏总会之宗乡会所,江夏

徐悲鸿于江夏堂所作《骏马图》

徐悲鸿送给黄曼士的扇面

堂匾为黄培松所题。建成后,黄曼士以江夏堂为居所,广种南洋热带花木,胡姬盆栽,每日清晨临池习字,种花修剪,室内四壁挂满字画。他又好集中国折扇,有紫檀、雕漆、紫竹、湘妃、象牙等不同种类,扇上字画多名家之作。黄曼士平时手摇纸扇一把,自名"百扇斋"。

1939年徐悲鸿到新加坡即住在江夏堂二楼客房,前方小客厅为徐悲鸿画室,1941年徐悲鸿为黄曼士题:

百扇斋

曼士聚扇不厌其多,言百者举成数也。

到黄曼士晚年,约集有100支成扇扇面,数量最多的是徐悲鸿的作品及徐悲鸿为黄曼士收集的扇子。

江夏堂前方小客厅是徐悲鸿画室

徐悲鸿题"百扇斋"

1939年徐悲鸿第六次到新加坡时，准备不少扇面赠给黄曼士，有戴洁竹画的梅菊扇面《一年无日不看足》，徐悲鸿题：

> 洁竹戴先生乃季陶先生之祖父，好文学艺术，能骑射击剑，未尝仕进，高士也，曼士二哥爱之，即转赠，戊寅仲冬悲鸿。

又赠花鸟扇面，徐悲鸿题：

当是一名手，惜吾见闻不广，竟不知其人，曼士二哥盍为察之。

又将赵少昂在香港所赠的居廉花鸟扇面转赠黄曼士，并写了有关居廉的188字的题识。1939年到新加坡后，8月黄曼士生日，徐悲鸿画《红枫双鹤》成扇赠黄曼士并题：

己卯八月，曼士二哥五十寿，弟悲鸿写贺。

徐悲鸿这数年间送给黄曼士的成扇还有：

《三鸡图》，徐悲鸿题：

鸡栖于埘一章，为曼士兄写。廿八年春悲鸿。

郁达夫同在扇后行书题《钓台题壁》七律诗一首：

不是尊前爱惜身，伴狂难免假成真。

曾因酒醉鞭名马，生怕情多累美人。

劫数东南天作孽，鸡鸣风雨海扬尘。

悲歌痛哭终何补，义士纷纷说帝秦。

徐悲鸿画鱼鹰折扇并题：

天下鱼鹰一般黑，曼士二哥命画。

赵少昂画白莲折扇，徐悲鸿题金笺扇面：

千山鸟飞绝，万径人踪灭。

孤舟蓑笠翁，独钓寒江雪。

南方炎地想象此景，亦可解暑，曼士二哥雅正。弟悲鸿。

张大千画《七星岩》折扇，徐悲鸿题：

戊寅中秋，张兄大千游桂林，余居美术学院，晨夕过从，旋即同游阳朔，别去，此乃访七星岩后为余写，方欲题字，因要事同赴省府，遂各束装南行。曼士二哥好此，因为治志之相赠，同年仲冬同客星洲，悲鸿。

徐悲鸿画《猫》扇后题金笺折扇：

默默牛郎无所闻，耕耘想亦忆王孙。

老天给假如人意，捡个新秋以代春。

七夕一章书以曼士二哥两教，戊寅仲冬悲鸿。

徐悲鸿画《游鱼》折扇并题：

萧君伯亮擅绘事，而数奇，居星多年，郁郁不得志，吾友曼士重其品行，独与相善伯亮，为写此扇赠之，廿八年夏悲鸿题记。

扇后又题自己为抗战阵亡将士所作的《七七招魂诗》：

恭奠香花沥酒陈，丕显万古国殇辰。

星河耿耿凄清夜，魂兮归来荡寇氛。

廿八年七七招魂，曼士二哥鉴教，弟悲鸿。

其他送给黄曼士的还有徐悲鸿自己画的《飞雀》《风柳八哥》《白牡丹》《双鹅》等成扇数十支。

徐悲鸿以艺术教授的身份来到新加坡，又携带了1000多幅中国近代名艺术家的作品住在江夏堂。总督、百万富豪、文学艺术家、艺术青年，客似云来。黄曼士夫妇在生活上热情细致的照料，使徐悲鸿获得极好的生活与创作环境，江夏堂成为他辗转印度、马来半岛，住得最久的落脚点。他在江夏堂创作了百千幅作品，为了感谢黄孟圭、黄曼士的情谊，黄氏兄弟也获得徐悲鸿所赠百余幅字画。

1939年抵达不久，即遇农历新年，徐悲鸿在一张小纸上写下："遐迩尽爆竹声喧，浪迹天南目黯然。总觉行藏全不惯，看他溽暑过新年。"抒发再

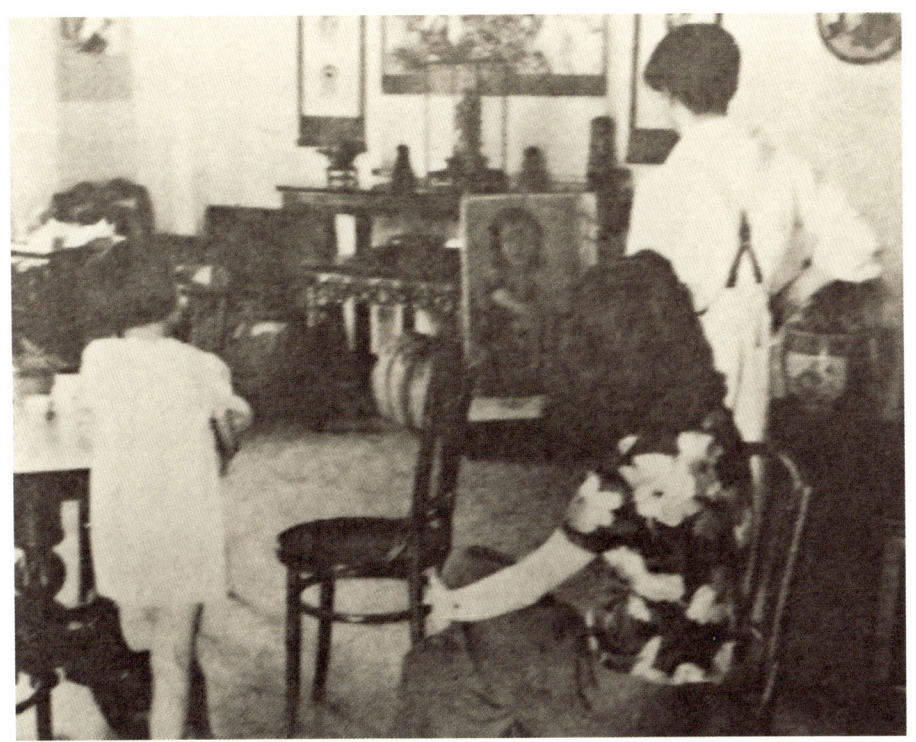

1939年,徐悲鸿在江夏堂为17岁的李惠望画油画肖像的情景

次抵达新加坡的复杂心境。

记录徐悲鸿在江夏堂作画的情景,留下较多摄影照片是画李惠望的肖像。

1939年时,模特儿李惠望十七岁,因父亲从事摄影行业,报刊上不时刊有她的照片。有人说她长得好看,是星洲最漂亮的女孩。有一天她遇到徐悲鸿,徐悲鸿问,可以来江夏堂画她吗?李惠望答应了。

徐悲鸿的画像,记录了画中人的青春异彩。在肖像画中,徐悲鸿对此幅较为满意,画不离身,在1940年除夕修改完成,曾带往印度展出。

当年才十多岁的郭鹤年，常随母亲到江夏堂，若徐悲鸿也在，大家会一起午餐。徐悲鸿和蔼有礼，说话不多，总是十分钟便最早放下碗筷，谢过黄曼士夫妇，上楼继续作画去了。

郭鹤年也上楼看徐悲鸿作画，他身旁有一个总是塞满弃稿的字纸篓。有一次郭鹤年伸手到纸篓去捡了一张竹，问徐悲鸿可否让他拿走。徐悲鸿说，因为画得太差，不可以，待会儿拿到花园去烧掉。每天傍晚，徐悲鸿都会把一天的废稿，拿去江夏堂的花园烧掉。

黄孟圭1940年曾作10首七律，咏徐悲鸿在江夏堂的49幅主要作品。黄孟圭说："不曰题画，而曰读画，也如不曰临碑，而曰读碑，因有深切意味。"

徐悲鸿住在江夏堂时，也爱沿街的南洋小吃，许云樵回忆与徐悲鸿常到老巴刹吃豆腐鱼，徐悲鸿最喜欢那株樱桃树下的座位。徐悲鸿说："坐在这里比任何地方都舒服，南面王不可易也。"

1942年1月新加坡沦陷在即，徐悲鸿准备回中国。行前数日，在江夏堂嘱马骏等好好照料黄曼士，又取出宣纸数纸，蹲在地上挥笔画竹，取意竹报平安，分赠黄曼士、马骏、张瑞亭等，谢大家为隐藏徐悲鸿留存的文物字画，在新加坡岛内数度辛劳搬迁。

江夏堂内仍有不少徐悲鸿的书籍画册，1942年2月，日军攻城之际，一部分外文绘画书籍也运到马骏家中。马骏赶往江夏堂问黄曼士如何处置，黄曼士说生命财产都难保，书籍画册可留则留，不可留则烧。马骏赶回家中，坐在后门，一面烧书，一面流泪，心中不忍，又把徐悲鸿这些书籍资料放回床下。黄曼士也在江夏堂清理隐藏徐悲鸿的存物，把一些画中有关战争的题款刮去。

日治时期，黄曼士除了几次必要的外出，在江夏堂足不出户，"大检证"时又以红眼症使日军远避，江夏堂如与世隔绝。

三年多过去了，江夏堂基本保留原貌，也保存了徐悲鸿以百幅计的画作和数十折扇。

墨花散作马蹄香

黄曼士将江夏堂二楼的小客厅辟为徐悲鸿画室。住在二楼客房的徐悲鸿坚持多年养成的习惯，每日清晨洗漱后即研墨作画。有时兴之所至，夜半起身，灯下挥笔作画。

徐悲鸿在江夏堂画得最多的是马，徐君濂说：当年有"万马奔腾江夏堂"之称。施寅佐（新加坡中华书局经理）问徐悲鸿，是否最擅画马？徐悲鸿答，只是人们喜欢，所以多画马，其实自己最满意的是麻雀。

45岁至47岁，处于艺术创作高峰期的徐悲鸿，1939年至1941年间在江夏堂画了多少匹马，难有准确数字。但为了抗战筹赈募捐，按当年筹赈券每幅100元计算，徐悲鸿在新马售画筹款5万余元，便要画500幅到600幅以上。为了完成筹赈券的订画，1939年3月在维多利亚纪念堂举行画展后，他要迟至11月才起程赴印度。其余为美国画展准备的数百幅骏马绘画，和在印度所画并售出及加上赠送友人的马共有千幅之多。这千幅中有奔马、立马、饮马、群马、八骏、十骏、十一骏、百骏，以一当十，便是万马奔腾之势了。

从青少年时起便喜欢画马的徐悲鸿，称自己画的是汉唐时代天山的"天马"，与其他马种不同，他手书的自述说：

马种比蒙古马好，以马论，速写稿不下千幅，并学过马的解剖，熟悉马之骨架肌肉组织，然后详审其动态及神情，乃能有得。

徐悲鸿说："画什么都要有精神寄托。"徐悲鸿画马是寄情，是自比，是托兴，是咏志，是抒怀。

画中骏马矫健略瘦，黄孟圭的读画诗说："骅骝腾地半为肌。"这一匹匹都是落日萧萧、秋高霜草、天涯焉托、漂泊哀鸣、孤独环境中的骏马，也正是"生于忧患""危亡之际""徐悲鸿寂寞生涯"的自我写照。

徐悲鸿极少画群马，其题材有立马、试马、识马、休憩之马、奔马数种。

徐悲鸿的立马，多表达"哀鸣思战斗""侧身长顾求其群"的自比情怀，一些立马图的题款也写出"天马"的来历。他在1939年5月作的立马图上题诗，抒其千里之志：

伏枥生憎恨，穷追破寂寥。
风庐动广溟，霜草识秋高。
青海有狂浪，天山非不毛。
终当引俦侣，看落日萧萧。

另一幅赠黄曼士的立马题款写天马的历史：

天马从西而来，陟流沙，边陲服，令人想象汉代时盛况。

画完题后掷笔，感叹不已。

1941年赠马骏的立马图上题：

哀鸣思战斗，迥立向苍苍。

1941年赠骆清泉的立马图上题：

秋风万里频回顾，认识当年旧战场。

徐悲鸿青年时期留法回国后，画了一些识马、试马的作品，如《九方皋》《伯乐》等，多是自比，希望遇到赏识自己才能的人。1939年在维多利亚纪念堂举办展览时，徐悲鸿多次称《九方皋》是他多年来最满意的作品。

徐悲鸿画休息中的马（饮马、蹓马），题款多言志自勉。如：

> 莫依溪水恋芳草，群力回天正待汝。（1939年《饮马》）
>
> 引汝认识崎岖路，转眼双肩重担来。（1939年《蹓马》）
>
> 水草寻常行处有，相期效死得长征。（1939年《三马图》）

徐悲鸿慷慨激情，热血沸腾之刻，例如得悉祖国台儿庄大捷、长沙大捷，每作奔马，驰骋万里、跃然纸上。偶尔徐悲鸿画马也以杜甫"五花散作云满身"的浪漫诗句题画。

徐悲鸿极少作群马，在喜马拉雅山闻"鄂西大捷、豪兴大发"，所作群马仅四匹，此外为黄曼士画有《十骏图》，题诗：

> 四皓九老七贤会，此幅应为八骏图。
>
> 多写几驹来凑数，其中驽骀未全无。

另为黄孟圭画的《十一骏图》，徐悲鸿表示多画的马与人是讽刺抗战中凑份子的投机分子。还有为赴美展览所画的《百骏图》，这三幅马匹较多的画幅，我们至今未能见到它的原画或复印品。

徐悲鸿极珍视自己满意的佳作，不出让，不出卖，即使是送朋友也是另作一幅。黄曼士藏画目录中记录他所藏过百幅徐悲鸿的作品，与骆清泉获赠的立马、奔马，大都是徐悲鸿自选后的另一幅。

"孑然一身，良朋渺远，故园灰烬，祖国苦战。"当年徐悲鸿赴南洋有"此去天涯将焉托"的天问，他把锤炼个人艺术造诣，与对国家民族的责任结合在一起，最大地发挥了绘画的艺术与社会功能。也正因盛年，精力充沛，千百幅数量的积累，使得徐悲鸿在南洋所画奔放淋漓的水墨骏马，表达了一个民族的忧患情绪、意志与精神，在技法上冲破中国画坛当年十分保守封建的氛围，创造了中西结合、笔墨淋漓的新风格。在南洋几年间的辛勤艺术劳动，创作了他个人的许多佳作，也创造了中国水墨画的高峰，为人类留下珍贵的艺术精品。

历史偶遇《百扇斋藏书画目录》

徐悲鸿称为平生第一知己和二哥的黄曼士，在不同年代曾手写5份《百扇斋藏书画目录》，这些目录详细记录藏画的尺寸、文字、印章，有些还记

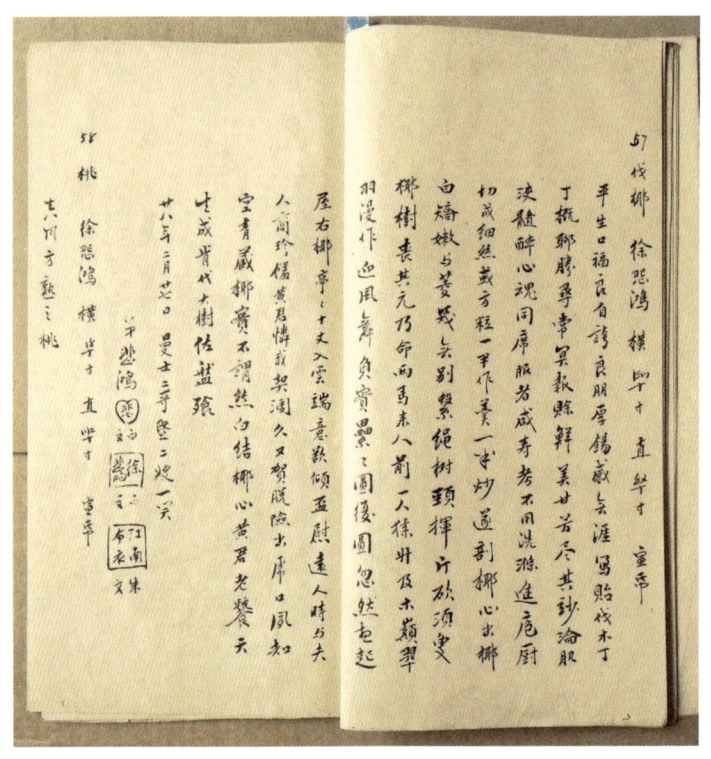

黄曼士手书的《百扇斋藏书画目录》

录了作画过程。

其中1956年9月用小楷写在毛边纸上的目录，记载他藏有107幅徐悲鸿的中国画，另一份记载藏有141幅任伯年、齐白石等画家的字画，还有一份是专门记载徐悲鸿与齐白石、赵少昂等画家合作作品的目录。这几份《百扇斋藏书画目录》略有重复，但可确认的是，黄曼士的藏画总数应在200幅到300幅之间，这些书画绝大多数是徐悲鸿的赠送。

我想与老院长徐悲鸿应是有缘分的，否则我不会在30多年前的那天下午，路过芽笼35巷江夏堂，望着那座两层的战前洋房，感叹这是徐悲鸿曾经生活过的地方，这就是产生非凡人物的非凡之地。洋房外有一个丢弃在街边，准备让环卫垃圾车收走的黑色大垃圾袋。美国不少警匪片电影都有CIA、FBI特工翻寻目标人物的垃圾搜集情报的情节。我心中暗想，非凡之地或许有非凡之垃圾。

一种莫名的冲动，我双手打开那个街边的垃圾袋。袋中居然有昭南时代日本军政府通告的剪报、郁达夫的十多首诗作、新加坡徐悲鸿遗作展筹委会1953年多次会议记录、1954年出版的《徐悲鸿遗作集》、孙多慈写给黄曼士的几封信，以及5本手写的《百扇斋藏书画目录》。

不迟不早，千百种巧合的机缘，这些当作垃圾的历史资料，化为焚化炉一缕青烟之前一刻，一段将要湮灭的历史记录和有心人偶然相遇。天时地利人和，这是写作《悲鸿在星洲》的奇遇奇缘。

有美术史博士写论文质疑我，如何能知几十年前徐悲鸿的一些生活细节？定是艺术想象。其实这些细节全记在这些藏画目录中。

黄曼士的藏画目录

黄曼士在不同年代曾手写超过5本的藏画目录。这些书画大多数是徐悲鸿的赠送，也有其他画家的赠送。

黄曼士藏有两幅徐悲鸿的《漓江雨意》，1958年9月目录第61幅中黄曼士记载：某日清闲，谈话中说到桂林山水的美景，徐悲鸿忽发豪兴，裁纸调墨，濡笔吹毫，画漓江景色。连挥两纸皆不满意，正要撕画，黄曼士取画来看。徐悲鸿从纸背面看画，顿觉气象万千。大有风雨朦胧之妙，大叫："是漓江景色也！"即在纸背后题款：

雨中山色，卅年岁始追忆漓江风味。

盖上印后，即将此画送给黄曼士。

目录编号57的《伐椰》记载：1939年2月27日，黄曼士夫妇正商量做些什么好吃的酒菜给阔别5年的徐悲鸿，庆贺徐悲鸿从战火纷乱的中国安然来到新加坡。

江夏堂屋右方的椰树，亭亭十丈，高入云端，黄曼士夫妇想到高处的椰子，叫来两个马来人，其中一人快如猿猴，爬上树顶，用刀砍下椰子。开椰后不必洗涤，切成细丝及方粒，一半做羹一半炒。徐悲鸿觉椰心娇嫩鲜美，与江南的菱肉没有什么区别，即挥毫作画并赋诗，记当时伐椰情景：

1939年2月27日

黄君老饕天生成，肯伐大树佐盘餐。

凤知空青存椰实，不谓熟白结椰心。

黄君怜我契阔久，又贺脱险出虎口。

意欲倾杯慰远人，时与夫人商珍馐。

忽然想起屋右椰,亭亭十丈入云端。
翠羽漫作迎风舞,负实累累圆复圆。
乃命两马来人前,一人猱升及木巅。
系绳树颈挥斤砍,须臾椰树丧其元。
遂剖椰心出椰白,娇嫩与菱几无别。
不用洗涤进庖厨,切成细丝或方粒。
一半作羹一半炒,鲜美甘芳尽其妙。
沦肌浃髓醉心魂,同席服者感寿考。
平生口福良自夸,良朋厚锡感无涯。
写贻伐木丁丁概,聊胜寻常冥报赊。
　　　　廿八年二月廿七日
　　　　曼士二哥暨二嫂一笑
　　　　　　弟　悲鸿

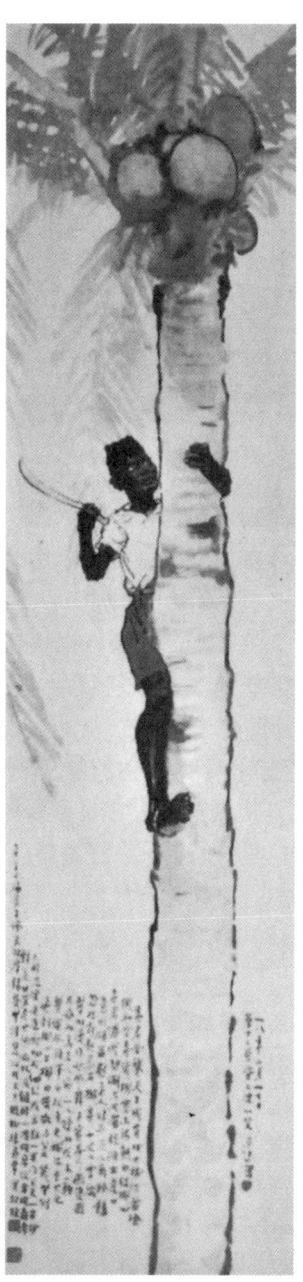

黄曼士藏徐悲鸿的中国画
《伐椰》

编号51的《四喜》，黄曼士记录："四只喜鹊分立丹枫树上，抗战胜利后，徐悲鸿由北京寄赠，为我最后得到之画。"

新加坡日治时期，黄曼士将徐悲鸿画上有关抗战的题字刮去，也在目录中有如下记载：

编号27的《奔马》（长30寸、宽51寸，立轴）徐悲鸿题：

　　闻台儿庄大战胜利，悲鸿写此志喜。

黄曼士记："此画在日寇陷星时将大战胜利等字刮去，藉以保存原画，并避危险。"

另一本目录编号25的《奔马》（长30寸、宽51寸，横幅），黄曼士记："徐氏写此画时，适有来报长沙大捷喜讯，即题：'闻报长沙大捷，徐悲鸿写此志喜。'在沦陷时，恐为日军所查，见危及性命，特将'闻报长沙大捷'六字刮去，保存原画。"

这几本《百扇斋藏书画目录》记录了不少徐悲鸿在星洲江夏堂的生活细节，不仅是黄曼士与徐悲鸿友谊的一份详尽记录，也是新加坡沦陷三年多来，江夏堂万马齐喑的一段历史写照。

百扇斋主手拓悲鸿用印

徐悲鸿自述：

　　廿七年归国后，颇获交四方名士，尤以印人为多。如大壮、仲子、白石、汉怀，皆应运而生之杰。数百年间，气所钟往，古未之有也。自幸得藏其精作，炎荒寂寞，偶出一赏，精爽如昨，若对故人，亦自慰之策也，悲鸿。

　　卅年七月星洲客中。

1939年9月徐悲鸿即将赴印度，黄曼士在江夏堂将徐悲鸿带到新加坡的82枚图章手拓两份，并加青瓷色宣纸为封面，集成印谱，由徐悲鸿题冷金笺签"百扇斋主手拓悲鸿用印"，押宋君方（寿石工夫人）所刻的"东海王孙"印，并在首页题序：

　　中国晚近虽文物衰落，但金石文字皆藉印刷术而广布，治印一门遂造成空前之瑰丽时代。如此册之作家，皆往古罕有之人物也。

吾幸生与并世且与友好，因得偿吾无厌之求，沉湎之嗜，谓非幸福乎？曼士二哥特为拓两份，亦缘法也。

廿八年九月悲鸿志

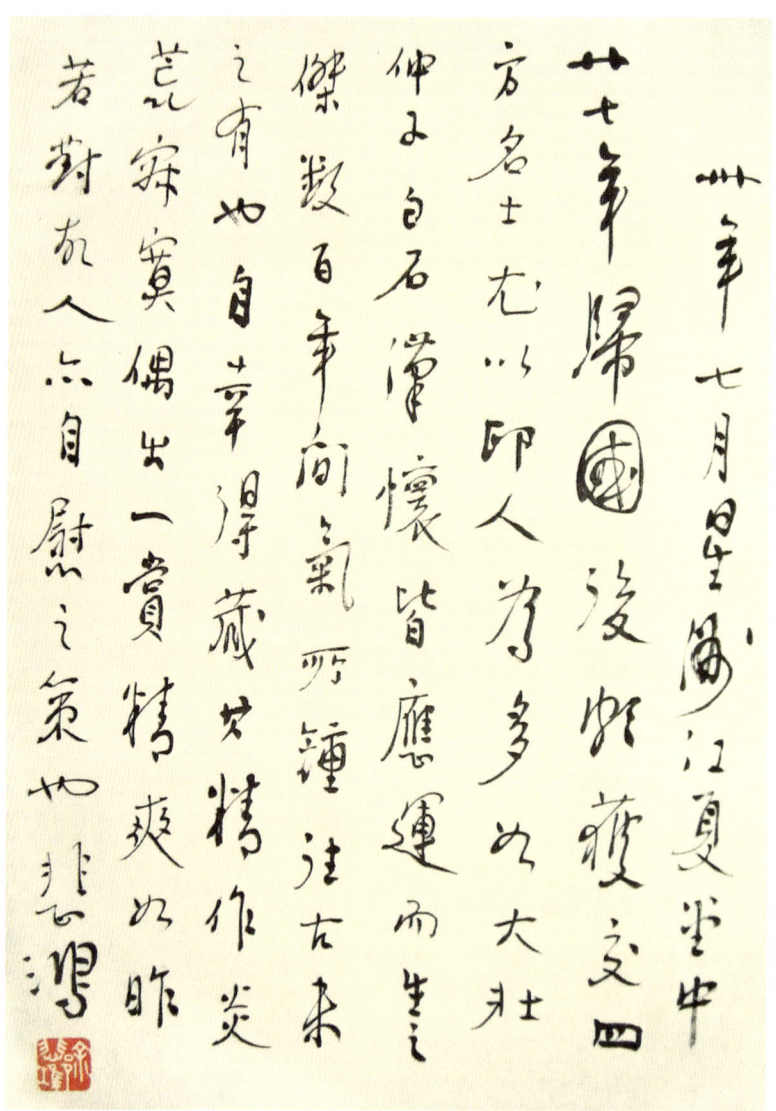

徐悲鸿自述：廿七年归国后，颇获交四方名士，尤以印人为多……

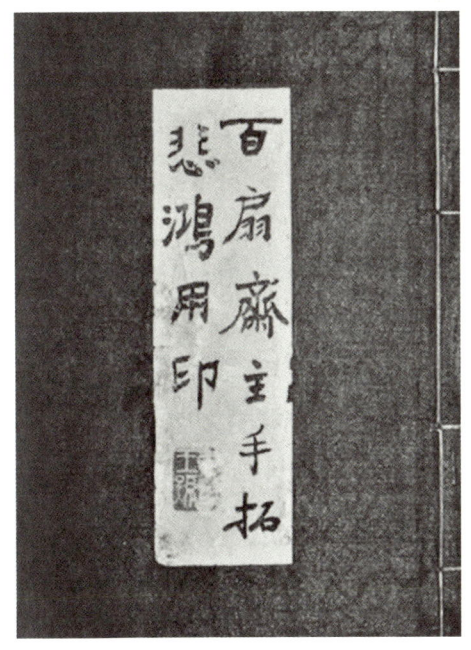

徐悲鸿题"百扇斋主手拓悲鸿用印"及题序

当代名家篆刻

印谱高21厘米,宽14.4厘米,印章都是徐悲鸿1939年从桂林全数带往新加坡,45岁之前的几乎所有用印,大多数都是与徐悲鸿同代的名家高手的篆刻。

印谱第二页是陈师曾刻的"江南徐悲鸿"。

82枚印中,除悲鸿的名章外,其余的闲章有:

齐白石刻的"江南布衣""吞吐大荒""受命于天""中道而行""中立不倚""有巢氏""荒谬绝伦"等。

陈子奋刻的"困而知之""天下为公""独与天地精神往来""游于

艺""有诗为证""克明俊德""秀才人情""悲鸿欢喜赞叹欣赏之章"等。

杨仲子刻的"智者动""其声发以散""小心翼翼""与古为新""南京城北""永以为好""中心藏之""如有嘉语"等。

乔大壮刻的"始知真放在精微""质诸鬼神而无疑""不素餐兮"等。

吕凤子刻的"生于忧患""天池无全功"等。

寿石工刻的"一寸芳心镜不尘"等。

彭汉怀刻的"一尘不染""万物无全用"等。

汤安刻的"大块假我以文章""蕴真惬所遇"及1919年以前所刻的"鸿爪"。

蒋维崧刻的"见善如不及"。

文彭刻的"半榻琴书""松柏四时春"。

方介堪刻的"自强不息"。

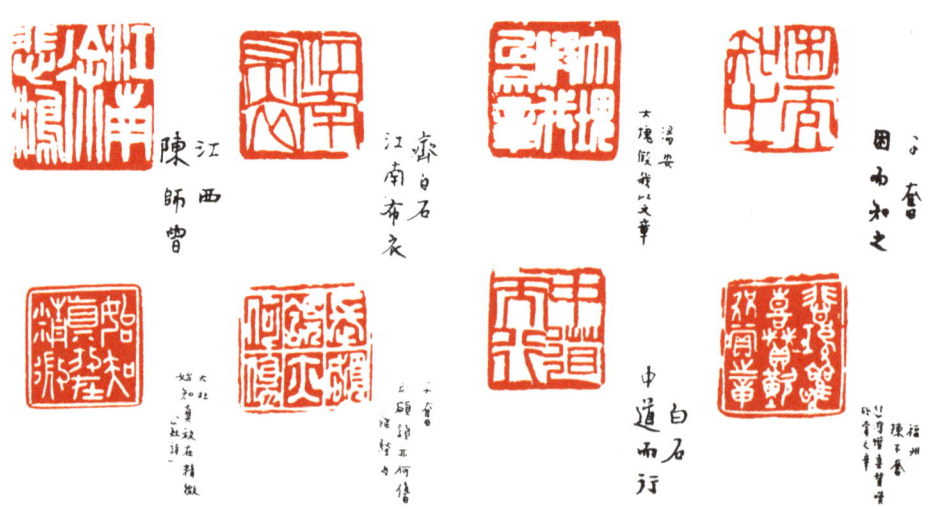

徐悲鸿与陈子奋20多年间通信数十封，信中评论各家："当代印人巧若寿石工，奇岸若齐白石，典丽则乔大壮，文秀若钱瘦铁、丁佛言、汤临泽等亦时有精作。而雄浑莫过于兄者。"

力求古茂

印谱中也有徐悲鸿自己刻的"精爽""颠沛必于是"两枚，及徐悲鸿父亲徐达章所刻的"放怀今古""飞花入砚池"两枚。每印之下侧，徐悲鸿均注写印者的姓名及印文，如果是"猫儿眼石""绿晶""玛瑙"名贵印石也加以注明，其他刻印者还有简经纶、何秋江等。

这些印章可见徐悲鸿在篆刻上受父亲的影响，印文也可看到徐悲鸿"致广大、尽精微、道中庸"的人生与艺术主张而治印风格虽各家各异，但正如

江夏堂出过不多的几本手拓悲鸿用印，骆清泉1941年的拓本，
显示徐悲鸿与父亲徐达章的风格一脉相承

序文所说"金石文字皆藉印刷术而广布",在近代形成空前瑰丽时代,亦可见徐悲鸿"力求古茂"的治印主张,和对甲骨文金石风格的偏好。

徐悲鸿喜结识印人,1928年应时任福建省教育厅厅长的黄孟圭之邀,到福建画蔡公时烈士像时,结识20多岁的陈子奋,盛赞陈子奋所刻的诸章:

> 雄奇遒劲,腕力横绝,肝衡此世,罕得其匹也。弟北平友寿石工、齐白石皆名印人也。又老友杨仲子治龟板亦有特殊面目,沪无此才,尚有乔大壮君绝高。

1941年间,徐悲鸿在槟城也由骆清泉等手拓了不多的几本印谱,但我们相信,1939年在江夏堂由黄曼士手拓的印谱是徐悲鸿45岁前最完好的一本。《百扇斋主手拓悲鸿用印》对研究中国近代美术史和篆刻学,都有珍贵的参考价值。

由香港墨趣斋提供《百扇斋主手拓悲鸿用印》资料

半个世纪前的艺坛盛事
——1939徐悲鸿画展

1939年徐悲鸿南来最重要的一章就是举办徐悲鸿画展。几十位星马富豪为他筹办的个人画展,轰动了整个新加坡。上至总督,下至学生,士农工商,华洋巨细,无一不被大画家的旋风卷过。每20个新加坡人当中,就有一个人参观过画展。卖画百幅,筹款数额创出了纪录。一位画家的画展,规模之盛,范围之广,筹款数目之多,艺术影响之深远,在新加坡艺术史上尚无前例。其后数十年间,徐悲鸿仍是新加坡画展的多项个人纪录保持者。

空前盛况的美术展览

1939年1月至4月,徐悲鸿画展的消息络绎不绝。因为要等候海峡殖民地总督汤姆斯夫妇参加画展开幕式,报章不断报道画展改期和更改展览地点的消息,直到总督夫妇参加的马来亚吡叻苏丹登基大典结束后,才确定画展于

1939年3月14日下午4时在维多利亚纪念堂开幕。

徐悲鸿这天身穿中山装，口袋里夹着一枝粗大的自来水画笔，和林庆年、黄曼士、林谋盛、庄惠泉等忙于招待贵宾。到场最显赫的嘉宾算是总督夫妇、林文庆博士夫妇、郑连德夫妇、林汉河、林金殿、曾纪辰、胡昌耀、关楚璞以及中国总领事高凌伯、邝副领事等各国社会名流一百多人。

一位当代一流水准艺术家的画作在新加坡展出还是第一次，数量之多，画幅之巨大，题材之震撼也是新加坡艺术史上首开先河。

徐悲鸿展出的作品包括《田横五百士》《徯我后》《广西三杰》《箫声》《湖上》《远闻》《琴课》《碧云寺》等38幅油画，《九方皋》《巴人汲水》《群牛》《壮烈的回忆》《奔马》《德京旧梦》《狮》等89幅彩墨画，《阮君》《悸》《女范》《背转身来》等5幅粉画，《画龙飞去》《李宗仁像》《白崇禧像》《黄旭初像》《蒋梅笙像》等26幅素描，以及徐悲鸿临摹Jordans、Ranhara、Prndhon、Pelaroz等在欧洲各大博物馆里的名画的作品。这些全部是徐悲鸿在炮火声中由南京带到桂林七星岩，再从七星岩山洞带到新加坡的一千多幅作品的精华。展出的近作只有黄曼士和林谋盛两幅素描像，以示他与两人关系之特殊。

102幅展品中（1939年3月18日展览移往中华总商会则展出172幅），最令人击节赞叹的是《田横五百士》《九方皋》《徯我后》。新加坡画坛上从未展出过如此精彩的巨幅绘画作品，徐悲鸿以描写历史题材来表达改革社会的新思想，他在展览会场表示："抗战一年来忧国忧家，心绪纷乱，作品减少，希望能凭借画笔，为国家抗战尽责任。"他又表示自己最成功之作实为《九方皋》，并在展场中的《九方皋》一画前留影。

总督夫妇的莅临给画展增辉添彩，他们对徐悲鸿那四蹄生风的水墨《奔

徐悲鸿油画作品《箫声》

马》赞之不绝。辅政司斯摩尔夫人第二天上午十时还特举行家庭音乐会招待徐悲鸿。一位中国画家能得到新加坡政要如此礼待，将徐悲鸿画展推向高潮。

画展期间南洋商报以全版篇幅刊登总督夫妇、林文庆参观画展的新闻照片，又赞颂徐先生的素描为"东方第一"。称颂真正西洋美术入于中国，实自徐悲鸿开始。郁达夫在他主编的星洲日报《晨星》副刊上，也以全版篇幅刊登徐悲鸿的《此去》《北平纪游》（藏法国国立美术馆）等4幅画，以及黄曼士的《徐悲鸿先生略历》、银芬的《谈悲鸿的写实主义》、史记的《田横五百士》和郁达夫的《与悲鸿的再遇》四篇文章。郁达夫写道：

> 悲鸿先生在广西住得久了，见了那些被敌机滥施轰炸后的无靠的寡妇孤儿，以及疆场上杀敌成仁的志士的遗族们，实在抱有着绝大的酸楚与同情。他的欲以艺术报国的苦心，一半也就是在这里；他的展览会所得的义捐金全部，或者将有效用地，用上这些地方去……他的名字已经与世界各国的大画师共垂宇宙。他的成绩也最具体地摆在我们的面前。所以，不必要的奖誉和夸张，我在这里一概地略去，只提一提，他的中国画，是如何的生动与逼真，画后的思想，又如何的深沉而有力，我想也就够了。

徐悲鸿画展发售的筹赈名誉券分200元和100元两种，捐款100元可得徐悲鸿的画一张，捐款200元可指定徐悲鸿另画一幅，徐悲鸿画展获得了新加坡最负盛名的华人大富翁的大力支持。陈嘉庚、陈延谦、李俊承、郭可济、郭新、陈之初、周永泉、林金殿、李金矿、林建民、何光跃、庄惠泉、吾庐俱乐部、树胶公会、神农药房、星洲胶商研究社等纷纷认购画展的筹赈券。画展尚未开幕就筹得2500元。

画展筹委会鉴于《田横五百士》等画的轰动情况，特将其拍摄成数百幅照片出售，有徐悲鸿签名的5元，没有签名的3元。另外还印晒了《奔马》《九方皋》《广西三杰》几幅画的照片在会场发售。

徐悲鸿画展在星华筹赈会的推动下盛大举行，当年新加坡的市民参观画展，从未有过这般踊跃，致使会场有时十分拥挤。无论华校或英校，莱佛士书院、英国教会学校以及中正、岭南、崇正、端蒙、丹绍、启发等各学校学生均由校方带领列队前往参观，到展览结束时，六十多万人口的新加坡就有三万多人参观过徐悲鸿画展。

徐悲鸿在展览期间，曾寄了一份1939年3月16日的《南洋商报》晚版给重庆中央大学艺术科的吴作人、艾中信等人，并在报上写上筹款的数字："此

徐悲鸿出售筹款的展品印晒照片

时已过一万一千。"到展览结束时，共筹得法币15398元9角5分。经徐悲鸿提议，由星华筹赈总会全部寄交到广西，作为第五路军抗日阵亡将士遗孤抚养之用。若持通货膨胀率计算在内，还没有哪一位画家在新加坡能破此卖画记录。

与陈振夏的笔战

徐悲鸿的画展由1939年3月14日开幕到3月26日结束，与陈振夏先生在《星洲日报》上的笔战，使画展余音未了。

20世纪90年代笔者访问了陈振夏先生，他时年70多岁，退休前是《南洋商报》的总编辑。1939年时，他担任刚刚成立的中正学校的教务主任，陈先生的岳父是林谋盛、林谋炎的哥哥，和他们十分熟络。有一天在展览会场中，林家兄弟希望陈先生能写些画评文章，陈先生便再次到会场购买了一张《田横五百士》的照片。

1939年4月17日《星洲日报》的"晨星"版刊出陈先生的文章：《徐悲鸿画展中田横五百士之我见》。

他引述考据了秦汉时代五侯大夫以至士庶平民的发式、衣着、鞋袜，指出"画中服式在时代观点上当不无失却根据处"。他又引述秦宣夫、李健吾《巴黎中国绘画展览》一文中评判《九方皋》一画的用语："不幸是一个完全的失败……路是对的，失败也是真的。"

陈先生的批判对象，选择了新加坡街知巷闻的名画《田横五百士》，用语也不客气。文章的刊出，使为徐悲鸿画展出力不少的林家兄弟们颇觉大煞风景，后来并演变成在郁达夫主编的《晨星》副刊上的一场小笔战。

1939年4月20日徐悲鸿在《晨星》中刊出《历史画之困难——答陈振夏

徐悲鸿的中国画《九方皋》

先生》，文中指出：

大概一切艺术品之产生皆基于热情，考据自不可忽，但止于相当限度。画中情感充实，主旨已达，千古赞画者亦谅其意。

徒具优孟衣冠，必非作家目的。

十年前工作此图时，曾与胡小石先生及黄□刚先生商服饰，胡先生即以张惠言所著之书（书名已想不起），见授其中记载，视陈先生所征举者，尤为详尽，顾俱无实物可证。余友复玩索武梁祠、孝堂山诸石刊。方知古人所云无袢之谬，仅必束其管而已。至于衣色之深红与佩剑，皆便宜全画之调和与沉郁之情绪而设，初无根据。

秦、李二君之批评拙作《九方皋》文，曾未见之。二君不佞缺乏善意，故无一辩之价值。拙作较成功者，至今尚以《九方皋》为第一，惜知音不多。

5月3日陈振夏先生又有文章相驳，题为《读过"历史画之困难"后——

再向徐悲鸿先生贡献一点意见》,但笔战未见胜负,不了了之。不过两人都颇动了些肝火。

徐悲鸿以艺术家的热情和魄力,在旧文化、旧美术中杀出一条新路,在把东方的精神注入西洋油画的过程中,作为先驱者的徐悲鸿无疑会有不周之处,因而才会引起这场小风波。

近代美术史的研究者也会感谢陈振夏先生。没有他一丝一发的研究和大胆的发问,徐悲鸿不会留下关于《田横五百士》创作过程的文字,还有那对历史画艺术的精辟论述。

几十年后的今天,我们仍以徐悲鸿自己的话去赞颂《田横五百士》——"画中情感充实,主旨已达,千古赞画者亦谅其意"。

徐悲鸿的艺术观

徐悲鸿虽然在国际艺坛上已享有盛名,但他不忘将中国的东方艺术传扬到世界各个角落,也不忘提高中国画家和新加坡本地华人画家的国际声誉地位。画展期间,他提出自己作品十多天的展期太长,建议在最后几天加入中国近代画家如:任伯年、齐白石、居巢、高剑父、张大千和新加坡本地画家张汝器、林学大、庄有钊、徐君濂、陈宗瑞等的作品一起展览。其中任伯年的有76幅,齐白石的有100多幅。并在当天由林谋盛带领记者参观,把画展再一次推向高潮。

徐悲鸿在展览期间强调:

一幅作品最少要反映一些时代精神。

艺术要表现生活,别中了那些白描两条香蕉、一个苹果就自命天才的画家的毒。

谈到中国画的改革时，徐悲鸿主张：

利用旧形式表现新精神。

最恨临摹八股式的山水，即使有些相仿，也只不过是棺木里抬出的僵尸，一具没有精神的躯壳。

中国画之一代不如一代，完全坏在那班盲目制造假古董的中国画家手里。

他又指出中国画的真正出路在于：

了解古人六法的深意，寻找现实的题材，努力写作。

徐悲鸿把自己的成功归功于在法国苦读时所下的功夫，他说：

天才无非是观察和灵感有独到之处，别以为自己有天才就不屑多画，这是自己害了自己。我宁愿人家骂我是蠢才，我只管我埋头苦干，十几分钟画一张素描不是难事。

1939年3月19日，林惠祥先生评徐悲鸿画展的文章指出："真正伟大之美术作品对于一般人皆应有感动力。"又希望"博物馆、美术馆请画家作历史画和历史风俗画，以发扬国家民族过去之光荣，此乃艺术家之大业"。在"除了画家自己之外谁也不懂的作品"充斥画坛的今天，徐悲鸿几十年前的艺术观是否仍有现实意义？

成功的要素

1939年徐悲鸿新加坡画展的成功，应归之天时、地利、人和三者兼得。徐悲鸿身处国家民族生死存亡的关头，本是应泰戈尔之约途经新加坡。但下船之后，即向记者宣布会在新加坡举办画展，目的是"尽其所能，贡献国家，尽国民一分子之义务"。因而能得到抗战时期南洋各阶层华人的支持，这点在和平时期是不易办到的。

徐悲鸿选择新加坡作为筹款目的地，是因为他了解新加坡的经济发展。这里的华人最集中，也最富有。他通过黄曼士、林谋盛等人穿针引线，与这里的华人最上层人物有着密切友好的关系。上流社会皆以能为徐悲鸿画展出力为荣。

画展前十几年徐悲鸿曾为陈嘉庚画过像。陈嘉庚身任星华筹赈会主席，他答允第一次以星华筹赈总会的名义举办画家的个人画展，随即成立了以林文庆为主席的二十多人的徐悲鸿画展筹委会，其成员皆是新加坡的百万富翁。1939年2月13日，徐悲鸿列席了筹委会第一次会议，决定了画展的日期及参观筹款办法。随后成立了八十多人的展览工作委员会，成员包括以林汉河、林谋盛为首的总务股，以林庆年为首的宣传股，由华人美术研究会担任的布置股，干事有黄曼士、林谋炎、张汝器、庄惠泉、符志逢等人。这些工作委员会成员大多是华人上流社会中的少壮派人物。凭借他们的力量，徐悲鸿和英国殖民地最高层及华人各地域帮派势力都保持良好的关系，这也是非普通人所能做到的。

徐悲鸿不是抗战以来第一个由中国南来开画展的画家，其先后有容大块、胡呈样、王济远、张丹农、徐谦夫人、翁占秋等。但徐悲鸿本人所具有的艺术潜力、他的呕心沥血的作品、他在世界和中国艺坛所享有的盛名，也帮助了他成功。

名花异卉，在适合的季节，搬迁到适合的环境土壤中。这片土地，就在新加坡。

原刊1985年9月22日新加坡《南洋星洲联合晚报》

徐悲鸿的油画
《放下你的鞭子·王莹像》

　　1983年，悲鸿旧友刘抗先生，在新加坡费心费力地为《放下你的鞭子·王莹像》寻找新的主人。此时，画家徐悲鸿已辞世三十年。曾经收藏《王莹像》多年的黄孟圭先生已病逝十八年。画像中的主角，一生命运坎坷，狱号6742的王莹，在牢狱中结束她的生命也已过去九年。

　　黄孟圭一生中获徐悲鸿赠画百幅，据其幼女黄美意1983年9月所写《徐黄二家》一文，油画《放下你的鞭子·王莹像》也是悲鸿赠画之一。1941年秋，徐悲鸿即将赴美展览，黄曼士递纸索八骏，悲鸿画十骏相赠，又画十一骏图赠黄孟圭。除为赴美展览所作的百骏图外，此画是徐悲鸿画马匹数最多的一幅水墨画，"大哥"的地位自不言而喻。

　　《放下你的鞭子·王莹像》被博物院的拒绝有点意外，刘抗认为只剩下陈之初是唯一适合的收藏者。两人相约三日后的上午10时30分，在办公室办妥手续。但交易日当天，刘抗与黄氏族人在办公室外苦候，逾约多时后却被

1939年10月,徐悲鸿在新加坡完成《放下你的鞭子·王莹像》

告知：陈之初先生几小时前与世长辞了。

1985年，刘抗先生在新加坡东海岸家中，一边翻掀那曾在罗弄泉枯井下埋藏多年的徐悲鸿藏书，一边向我侃侃而谈悲鸿往事。刘抗与黄孟圭、陈之初都是徐悲鸿在新加坡时的好友，刘抗先生为《放下你的鞭子·王莹像》进行颜料的清洗和修复，涂上了新的光油。说到陈之初的辞世，刘抗感慨这幅画应有好的归宿，但世事难尽人意，没能帮好这个忙。

1985年7月，徐悲鸿另一新加坡旧友黄葆芳先生送给我《放下你的鞭子·王莹像》的图像，并讲述画像的经过：王莹是在1939年9月30日，与三名剧团团员先行抵达新加坡，住在南天酒店二楼16号房，10月1日接受传媒记者采访，包括当年在《星洲日报》任职的郁达夫。第二天《星洲日报》刊出郁达夫的《再见王莹》一文。

王莹与剧团团员陆续抵达新加坡后，集中住在金炎路前南侨师范学校内，校舍是李光前的产业，房间大，地点安静。那天徐悲鸿带齐画具，在学校内先请王莹摆了几个不同的剧中动作，选定姿态后，便起稿画头像部分，又拍摄多幅照片。徐悲鸿当时作画速度并不快，背景及衣服图案纹饰，都是回到江夏堂住所后完成的。油画应完成於10月27日，右下方题有"人人敬慕之女杰王莹，廿八年十月悲鸿客星洲。"

王莹1930年起参加上海的影剧活动，1934年东渡日本留学，1935年回国演出夏衍编剧的《自由神》，1936年演出轰动一时的《赛金花》，已是20世纪30年代上海最当红的大明星。当年赛金花的选角，选王莹而弃蓝苹（江青），留下王莹后来悲惨遭遇的隐患。

抗战爆发后，王莹组织救亡演剧队，到十五省区巡回演出抗战戏剧，1939年组新中国剧社到中国香港及南洋各处募捐演出，任副团长及主要演员，宣传抗战救国，最著名的戏剧如《放下你的鞭子》。

新闻界纷纷介绍这位原籍安徽芜湖，少年居南京，曾在著名学府复旦、暨南与中国公学就读，后离开影剧界又到日本留学，但抗日战争爆发后便组织救亡剧团走向前线的大明星。报章形容王莹：一张略圆的面孔，转动着一双极活泼生动的大眸子，言语徐徐有致，行动斯文有礼，是三年前在上海轰动一时的"赛金花"，在电影界掀起波动的"自由神"。这正是徐悲鸿油画中扮演香儿的王莹的形象。

街头剧《放下你的鞭子》讲述"九一八"事变后，东北沦陷，流亡到关内的香姐和父亲靠江湖卖艺为生，香姐演出时又累又饿不慎摔倒在地，父亲用鞭子抽打香姐。围观群众以为香姐只是老头买来卖艺的女孩，纷纷向父亲怒喊：放下你的鞭子！剧中的父亲说：啊！我疯了，天啊！我用鞭子鞭打我亲生的女儿。香儿说：爸爸我不怪你，不是你在打我，是那些鬼子鞭打我。剧情故事赚人热泪，真实感人，是抗战初期一部全民抗战的经典街头剧。王莹的演出从马来亚轰动到新加坡，深受南洋华人的尊敬喜爱，更有"南洋情人"的美誉。

在新加坡举办完画展的徐悲鸿，忙于完成画展中民众购买筹赈券的百幅购画订单，忙于完成汤姆斯总督、银行家等众多肖像的订购。剧团演出时，徐悲鸿观看了王莹的演出，他虽已定赴印度的计划，但仍有创作《放下你的鞭子》题材的艺术冲动。酝酿《放下你的鞭子·王莹像》的构思后，徐悲鸿写生并在赴印度前在江夏堂完成了创作，原订11月3日赴印，也推迟至11月18日启程，行前再捐款汇寄2000元，为中国军人缝制冬衣用。

这段时间与徐悲鸿形影相随的黄孟圭，十分喜爱这幅作品，即写诗《题王女士画像两首》：

画里分明戏一场，万头攒动看香娘。

八年自掬伤时泪，举国能无杀贼狂。

傲世还应凭妙曲，沿街原不为饥肠。

轻盈体态婆娑舞，忍听声声说沈阳。

优孟衣冠湖海身，画中瞻拜有心人。

频年浪迹蒿双眼，一片婆心托绛唇。

鞭打可由忝至理，流离谁解溯前因。

徐郎妙笔传佳话，未复河山总怆神。

诗后又记王莹："集合同志，组剧团到各战区后方从事救亡宣传。两年之中，曾历苏、皖、豫、鄂、湘、桂、粤各省，及越南等地。前后演剧七百五十一次，艰苦备尝，贤劳可佩。余为题两诗，因慕女士之热心救亡，亦爱余友绘事之功，异日斯画流传，其有裨于抗战建立，盖可知也。"

徐悲鸿赴印度前三天，两诗与画像1939年11月15日《星洲日报》刊出，后又陆续有叶西园等诗人步其韵，题王莹像诗多首。徐悲鸿的这幅油画也成了一时的新闻热点。

1940年12月13日，徐悲鸿风尘仆仆自印度返回新加坡，即以《放下你的鞭子·王莹像》《泰戈尔像》《鹰》《马》四幅参加在维多利亚纪念堂举行的华人美术研究会第五届年展。画展于1940年12月19日上午9时开幕，徐悲鸿准时到会。

1953年9月26日，徐悲鸿逝世，9月29日《新加坡新报》头版头条刊出徐悲鸿照片和《放下你的鞭子·王莹像》等六幅作品。

44至47岁的徐悲鸿正当盛年，精力充沛，1939至1942年在南洋1100天的辛勤艺术劳动，惊人地创作了超过1000幅艺术作品。由于抗战筹款的目的，作品大多是中国彩墨画和油画人物肖像，主题性的油画创作仅《愚公移山》《放下你的鞭子·王莹像》不多的几幅，而更显其珍贵。

部分文字原刊2007年4月7日香港苏富比拍卖行图录

徐悲鸿与早期的
新加坡华人美术研究会

一地的美术欲求发展，须有美术馆的设立，内中搜集历来的美术作品。使大众有欣赏研究的机会。

爱好艺术的人士和艺术家组织俱乐部，则可为他们有集合的机会。

一幅作品最少要反映一些时代精神，艺术要表现生活。

——徐悲鸿1939年与新加坡华人美术研究会成员的谈话

战前新加坡的美术团体

1935年是新加坡最早的华人美术团体——新加坡华人美术研究会成立之年。

20世纪30年代，新加坡的人口激增至40万，占其中大多数的是华人劳工移民，他们主要着眼温饱，受过艺术教育的人少之又少。20世纪初新加坡工商业的好景，造就了陈嘉庚、胡文虎等一批华人富翁，他们在本地兴学办报，并从中国引进一批美术青年担任学校美术教师和报纸的美术编辑，这批人成为以后新加坡美术的中坚力量。

1935年初夏，在上海美术专科学校毕业、留学法国的张汝器倡议下，联络了一批上海美术专科学校、新华艺大及上海艺大的在新校友。发起组织同学会，初名"沙龙艺术研究会"，入会者限于三校校友，会员十几人。后来大家觉得会员范围过窄，难以在社会上发挥作用，1935年11月17日召开会员大会，取消会员资格限制，吸收"品性端正，对美术有相当认识"的华人青年，改名"新加坡华人美术研究会"（Societe des Artistes Chinois Singapore）。第一任主席是张汝器，副主席是槟城水彩画家杨曼生，会员有徐君濂、陈宗瑞、庄有钊、赖文基、李清庸、黄清泉、蔡竹贞、李魁士、卢衡、张伯河、杨澄波、戴隐郎、饶漫尘、邱尚、郭若萍、杨印冷、黄啸空、高振声、陈溥之等。在"华人美术研究筹备会简章"中刊明：该会宗旨是"研究美术、联络感情、美化社会"。组织上设9人执行委员会，除正、副主席外，还设中英文秘书、总务、经济、出版，任期一年。每年定期开全体会员大会两次，举办展览一次。会员每月最少须交作品一件，共同批评，以增广益，会址设在丁路181号。

根据新加坡华人美术研究会发起人之一的徐君濂先生回忆：事实上"美研会初期并没有会所，本坡会员规定每月的第一个星期日聚会一次。室内或野外写生和聚餐，由会长通知会员及商借场地，准备膳食和车辆。参加者缴费一元，不足之款由主持人负责。这一主持人制度，第二年后改为由每年改选的新职员轮流担任。举行画展的费用（如租展览会场等），由各届当选职员设法募集。"

1936年1月20日,新加坡的第一个华人美术团体"华人美术研究会"向殖民地政府注册获准,6月1日第一次以该会名义参加槟城"嘤嘤艺术社"的美术展览。6月25日在新加坡老巴刹口的女青年会召开成立大会,并举行第一届美展。展出20人的油画、水彩、木刻、图案、素描、漫画共165幅(没有中国画),内容多是人像和风景。其中较有代表性的有:张汝器的《卖艺者》《放债人》,卢衡的《龟屿风景》《潮退渔船搁岸斜》,徐君濂的四幅油画和仅有的两幅时事漫画《刁公使漫画像》和《施领事行开球礼》。展览目录由星洲日报社承印,展期三天。这次展出虽起到"研究美术,联络感情"的作用,但社会上反响甚微。

1939年,新加坡华人美术研究会在芽笼路167号二楼聚会,左二为徐悲鸿,左四为张汝器会长

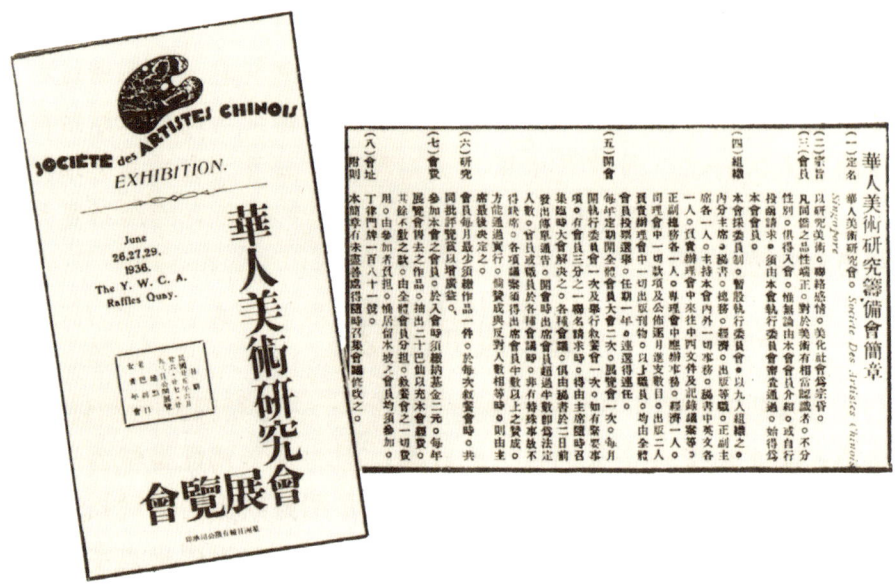

新加坡华人美术研究会的筹备简章及展览目录

后来会员林学大1938年2月10日在芽笼路167号3楼创办南洋美术专科学校，不久又辟二楼作为新加坡华人美术研究会的会址，陈列会员的作品，星期日则雇请印度老人或小孩为模特进行室内写生。

1939年7月12日，新加坡华人美术研究会召集会员大会，通过修订章程，删去宗旨中"联络感情"四字；决议举办第四届常年美展售画筹赈，并将出版艺术理论刊物。还规定入会者须交作品一件，以便审查通过，而常年展览无作品者即取消会员资格。

新加坡华人美术研究会的初期成员，几乎都是来自中国本土的美术青年，1940年中单是从上海美术专科学校毕业的在新加坡的校友就有四十余人，直到有一天的《海峡时报》以半版篇幅介绍华人美术研究会画展的作品，才吸引了几位爱好美术的英籍本地侨生华人报名入会。

战前新加坡除了华人美术研究会，尚有"新加坡美术俱乐部"及"新加坡广告美术研究会"等早期美术团体。

新加坡美术俱乐部成立于1937年12月1日。会址在奄吧大厦，每星期三上午10点至12点及下午6点至8点集体写生，每月有画家演讲一次。该会于1939年6月1日至3日在女青年会举行美术作品公开展览，共展出123幅西洋画，作者18人（13名为女性），只有2名是华人。展品中定价最贵的是捷逊的《人力车夫》和《和平》，每幅卖75元叻币。

新加坡美术广告研究会是战前另一研究美术及广告的美术团体，会址在尼路73号，除野外写生外，1939年举行了数十次的人体写生活动。

1937年7月7日抗日战争全面爆发。敲碎了南洋艺术青年宁静祥和的沙龙气氛，华人美术研究会的会员不再单纯描写风景、静物和人像。张汝器的《1939年之胜利》、庄有钊的《休想通过》都是描绘反法西斯战争题材的报章漫画。黄葆芳则发表《献给南洋的艺人》一文，号召艺术家"面对现实，放弃为艺术而艺术"。

1939年徐悲鸿的再度南来，使华人美术研究会的活动更加频繁和热烈起来。

良师益友

1939年1月9日，徐悲鸿携带了一千多幅精品到新加坡，给新加坡华人美术研究会会员们极大的鼓舞。因为徐悲鸿既是把西洋美术带到中国的先驱者，又是把中华艺术介绍给欧洲的国际知名画家，他比新加坡大多数青年画家年长十多岁，又有中央大学艺术系教授和上海新华艺术大学名誉教授的地位，徐悲鸿就像是他们的师长前辈。

1939年2月11日下午3时，华人美术研究会在青年励志社组织了欢迎茶会，出席者有张汝器、庄有钊、李魁士、赖文基、黄曼士、郑曼珠等三十多人。该届华人美术研究会主席徐君濂致欢迎词中指出：抗战以来，南来画家多如过江之鲫，而欢迎当代第一流画家徐悲鸿与普通的欢迎不同。

徐悲鸿致答谢词时说："因为是同道，所以谈话可以坦率些。"他详述了这次到新加坡的直接原因是德国驻广州领事购买了他的七八幅画，得法币数百元，恰巧中印文化协会的谭云山约请前往印度开画展，便将卖画所得权充旅费南下。

华人美术研究会的会员多习西洋画，徐悲鸿又详谈中国画与西洋画不同。他认为：

> 艺术的两大源流是善与美。中国艺术偏重美，但却少于善。18世纪以前的中国花鸟之作，堪称举世第一，19世纪迄今，即使艺术古邦罗马和伊朗，亦难以同中国的花鸟并驾齐驱。但中国画却是工花鸟，拙人生，不重视描写现实，以致有人错误地认为中国画必须研究古典文学、诗歌，方能知其奥妙，缺乏西洋画一看即懂的好处。

徐悲鸿认为今后中国画的改革，须在表现题材和手法上使人一望而知，直截了当，方为上策。他还表示：

> 自己从欧洲返国时则标榜现实主义，以现实为方法，不以现实为目的。当时攻击者纷起，但我不以为意，到今天，无形中已得到了胜利。

这次欢迎会举行了约一个多小时。

抗日战争爆发后，南洋地区的华人支援中国的筹赈活动如火如荼，几乎成为华人社会的中心工作。徐悲鸿画展是星华筹赈会为画家主办的第一个画展，因此协助筹备徐悲鸿画展便成了1939年初华人美术研究会的主要工作。画展筹备工作委员会分六个股，布置股的工作交给了华人美术研究会。张汝器等帮助把徐悲鸿的油画钉框、布置、运输，将徐悲鸿的画由黄曼士的家搬到维多利亚纪念堂，再移至中华总商会。

张汝器、郑可、庄有钊、高沛泽还担任了筹委会总务股的干事。他们参加了1939年2月13日的筹备工作会议和2月24日的总务股工作会议，决定画展销售筹款宣传的方法，并在画展开幕前和总务股同仁外出募捐，第一天出发便筹募了2500元。

时任华人美术研究会主席的徐君濂身兼《星洲日报》社的采访和编辑工作，因为同姓"徐"，他又毕业于上海新华艺术专科学校，既是同宗又是徐悲鸿的学生。徐悲鸿画展期间他便以"宗生"为笔名，在《星洲日报》上详尽介绍徐悲鸿的作品和艺术观点。

徐悲鸿则提出，自己的画展长达十多天，为了宣传中华艺术及提高新加坡本地华人艺术家的地位，建议增加中国近代名家和本地华人美术研究会会员作品，并共同展出。

1939年3月24日至26日，在徐悲鸿画展中一起展出的有张汝器的《热带风光》等6幅，徐君濂的《会仙台云海（衡山）》，林学大的2幅中国画、2幅油画，庄有钊4幅油画，陈宗瑞的《午》《海》，郑伟高2幅，钟鸣世1幅及郑可的雕刻人像。

1939年，徐悲鸿在新加坡画展的空前成功，华人美术研究会实助力不少。

1939年11月2日，华人美术研究会三十多人在罗敏申路爱华音乐戏剧社举行茶会，欢送徐悲鸿将赴印度，同时也欢迎中国文艺界抗敌协会昆明分会的代表喻世海和宁涵章。美术家把会场的长桌摆成工字形，上面有红红绿绿的水果和鲜花。

徐君濂代表新加坡华人美术研究会感谢徐悲鸿来新加坡后，把星洲的艺术提高了一步。徐悲鸿临别赠言，一口气讲了二十多分钟。他说：

> 十多年前我来过新加坡，那时候新加坡虽不像沙漠，也可以说是炎荒。哪里有什么艺术？现在不同了，这是美术同志努力的结果。现在能有华人美术研究会的组织，并能每年举行画展，但展览会作品不能临时赶工，临急才抱佛脚。

会前，他在谈话中指出：

> 一地的美术欲求发展，须有美术馆的设立，内中搜集历来的美术作品，使大众皆有欣赏研究的机会。艺术为高级文化，产生虽早，完成则缓，爱好艺术的人士和艺术家组织俱乐部，则可为他们有集合的机会。

徐悲鸿又再次主张：

> 美术应该忠于现实，因离开现实则言之无物。

当大会主席请宁涵章小姐讲话时，大家因太聚精会神听徐悲鸿的讲话，兴奋得桌上的茶点都还原封未动。聪明的宁涵章小姐表示她讲话也要等一等，这才提醒大家先用茶点，气氛马上转为轻松。

欢送会将结束时，徐悲鸿在十分融洽的气氛中，忘记了师长及客人的身份，兴高采烈地提议大家说笑话。因为座上没人敢上阵，结果徐悲鸿在此情况下只得自己说了个颇为精彩的笑话，欢送会也在笑声中结束。

徐悲鸿从印度回新加坡后，也曾为华人美术研究会作了一次学术演讲。

与大师作品一同展览

新加坡华人美术研究会会员的作品曾在1939年3月24日至26日徐悲鸿画展中一同展出。

徐悲鸿的作品也曾参加第四届、第五届华人美术研究会美展以及新华筹赈会主办的书画联合展览。

1939年7月12日的会员大会，决定举行第四届常年美展，售卖作品作筹赈用途。展览筹委会成员是徐君濂、张汝器、庄有钊、林学大、杨永奎、李魁士、陈宗瑞。

8月2日，又举行了展览筹委会会议，几经推延，新加坡华人美术研究会第4届展览会于1939年12月11日在维多利亚纪念堂开幕。中英并书的"华人美术研究会"的醒目横布标挂在纪念堂前，作品共200多幅，徐悲鸿虽然已赴印度但仍以两幅油画肖像参展。展场中一位画家对这两幅画的评语是："他的画的好处是着色明显，而且是一笔一笔大胆爽快地画上去的，和普通的要经一番粉饰的完全不同。"

徐悲鸿曾为施香沱一画题诗：

庭有甘露巢离披，相伴黄花烨烨姿。

漏网太平得一角，乐汝小鸟总无知。

仿长楚意题香沱先生画，悲鸿己卯

借画中的花与鸟，抒发祖国烽火连天，自己却愧在南洋一角、漏网安享太平的心境。

在陈宗瑞展出的《南洋果物》一画上，徐悲鸿也为其题诗：

孰为炎荒不可居，当知世事有乘除。

画中岂舍宣传意，万紫千红供饱饫。

这次展览于1939年12月11日至13日在维多利亚纪念堂展出，16日到18日则在中华总会展出。展品中，张汝器的油画《倭寇奸淫掠杀》、高振声的《动员》、赖文基的《民族英雄》表达了抗日的慷慨情怀；刘抗的七八幅描绘马来西亚热带情调的油画十分引人注目；林学大的作品，则另有一种淡泊朴素的作风。

此外还展出了部分木刻作品，第一天参观展览的人虽然相当拥挤，但买画的人却少，会员们便决定白天外出，向各界推销售卖特刊，以符合助赈伤难者的初意。

1940年2月9日星华筹赈会主办的筹赈书画联合展览在中华总商会开幕，展品中大多是华人美术研究会成员的作品，展品500余幅。至于徐悲鸿参展的《奔马》，被当时的报章称为"饮誉已久，观者一望而知其为画圣之笔"。上述两次画展售画所得，全部送交南侨筹赈总会。

1940年12月13日，徐悲鸿风尘仆仆自印度返回新加坡，即以油画《放下你的鞭子·王莹像》及彩墨画《泰戈尔像》《鹰》《马》4幅参加在维多利亚纪念堂举行的华人美术研究会第五届常年画展。画展于1940年12月19日上午9时开幕，徐悲鸿准时到会。200多幅展品中四分之三是西洋画，张汝器以13幅画风细致的油画参展，杨曼生轻松流利的水彩画与刘抗12幅新风格的油画给观众留下了十分深刻的印象。

大家请徐悲鸿对每个参展会员的作品一一加以批评指导，徐悲鸿走到每个人的作品前，十分诚恳地提出自己的意见。看到刘抗的作品时说："你才

徐悲鸿在新加坡所做中国画《鹰》

是马蒂斯的老师。"徐悲鸿在法国留学时，也曾画过马蒂斯风格的作品，但最终抛弃。此话即有贬马蒂斯及褒一位青年画家的双重意思。

看完所有人的作品后，徐悲鸿还为华人美术研究会留言：

> 侨寓诸同志，皆在匆递忙迫之环境中，而能有如此精勤集合。不佞深以为荣。

壮烈的回忆

徐悲鸿有一幅题名《壮烈的回忆》的怀人之作，但我们要讲的是另一件令人痛惜的事。

1942年2月15日新加坡沦陷后，日军大肆搜捕抗日分子。徐悲鸿在新加坡的亲密好友张汝器画的《倭寇奸淫掠杀》这幅油画细腻感人，为世人所知，因此其早被日本特工列入黑名单内。他和庄有钊、何光耀都由于参加抗日活动而在日军的"大检证"屠杀中遇难，他们的鲜血流在樟宜海滨的一次集体屠杀中。张汝器遇难前三个月，徐悲鸿还曾提道：

> 张君汝器亦绩学多才，故辑其画与李君（曼峰）之作布之于世，以一新国人耳目。

徐悲鸿在后来的回忆中又写道：

> 潮州人张汝器，早年赴法、德两国学画，功力很深。归至南洋新加坡，与妹夫庄有钊及建筑家何光耀倡导美术，连年举行作品展览，作品多且好，又热心公益。新加坡沦陷，三人皆殉难，至堪痛惜。

徐君濂先生则逃到印度尼西亚，他回忆起"当年徐悲鸿在张汝器所办的朋特画社（Panter Studio）画像，两人互相对画。和悲鸿参加张家家宴的景像，犹依稀在目，前尘似梦，不禁神伤"。

1946年9月29日华人美术研究会重新召开会员大会，改名中华美术研究会，决定在12月20日在中华总商会举行第六届常年美展，并特设一纪念室陈列殉难的会长张汝器、副会长何光耀及庄有钊等的遗作。

1953年徐悲鸿病逝。1954年2月29日，中华美术研究会与南洋美专、南洋学会、中国学会于维多利亚纪念堂联合举办"徐悲鸿遗作展览"。展览展出浩劫后幸存在新加坡的油画《愚公移山》《何光耀一家肖像》等80多幅作

徐悲鸿为何光耀一家画的肖像

品，并出版了《徐悲鸿遗作集》，又给徐悲鸿的遗属寄去慰问金，以纪念一位和新加坡艺术界有过密切联系和深远影响的著名艺术家。

原刊1985年9月29日新加坡《南洋星洲联合晚报》

总督与
舞女的画像

新加坡历史上，从未有过非欧洲人为殖民地总督画像的先例。维多利亚纪念堂十几幅英国总督的肖像也从未举行过如此隆重的悬挂典礼。徐悲鸿1939年画的汤姆斯总督油画像，却打破了新加坡一百多年殖民地史的惯例。

英籍海峡侨生公会捐款

徐悲鸿留学法国期间，欧洲几家大博物馆收藏了他的作品，一个中国人在欧洲艺坛享有盛名，使在新加坡的西方人士对他刮目相看。总督的外巡和度假，致使1939年徐悲鸿画展推迟开幕日期，展览场地也由华人社会活动中心的中华商会，移到当时新加坡的政治活动中心维多利亚纪念堂。徐悲鸿的影响，冲破了当地一般华人活动的小圈子。

1939年3月11日，海峡殖民地总督汤姆斯（Sir Thomas Shenton）爵士夫妇参加吡叻苏丹登基大典后，从马来半岛回到新加坡，十分乐意并答应出席徐悲鸿画展的开幕式。1939年3月14日下午4时，画展在维多利亚纪念堂正式开幕，汤姆斯总督夫妇和英籍海峡侨生公会的首脑林文庆，成了最显赫的嘉宾。

汤姆斯总督夫妇极为欣赏徐悲鸿的人像油画，他们认为即使当时伦敦、巴黎的画家，都难以画出《箫声》《广西三杰》这样艺术水准的油画。也由于英国士绅对马匹的传统爱好，徐悲鸿的横幅《奔马》更使汤姆斯夫妇惊叹。徐悲鸿将西方写实绘画技巧与中国传统文人画的笔墨长处相结合，创造出能为东西方人都能接受的独特画风，并达到炉火纯青的境界。

当年，英国莱佛士爵士登陆新加坡以来的19位总督功臣，都有油画肖像悬挂在维多利亚纪念堂永久陈列。有如中国古代凌烟阁历代帝王图和功臣榜。但这位对华人颇为友善的现任总督汤姆斯，尚没有人提议请名家为他画像。

1939年徐悲鸿南来开画展的筹款对象主要是新加坡华侨。日本当时虽已公开声称将会武力进兵南洋，但尚未开战。占新加坡人口相当大比例而且富有的华人，因为是英籍，也不认为对中国的抗日战争应负责任。他们许多人不懂中文，也不会去买徐悲鸿的中国画。林谋盛凭着他与英籍侨生公会上层人士的密切联系，说服英籍侨生公会捐出三千元，作为邀请徐悲鸿为汤姆斯总督画像的酬金。在战乱纷飞的年代，借此表达对英皇和英国法律的拥戴效忠，也以此感谢汤姆斯总督对华人的友惠。当了五年总督的汤姆斯爵士当然也十分乐意借名画家之画笔，青史留名。

七·七国难日动笔

徐悲鸿衣袋里随时都携带着速写簿和画笔，他称这是"拳不离手，曲不离口"。根据徐君濂先生的回忆：画展开幕以后，在总督府开过一个小型茶会，总督穿上只有大典礼才穿着的古老而庄重的总督戎装礼服，佩戴了所有的功勋奖章。徐悲鸿以神鬼不觉的速度当场勾画了几幅总督的速写。

1939年7月7日在江夏堂，经过一番筹备，画像的工作才正式开始。这天汤姆斯总督当上了模特儿，静坐着让徐悲鸿画了两小幅油画像，画家主要是要捕捉总督面部颜色的自然色调。

画家开工动笔日的心情很不平静。徐悲鸿日前读《竹坨诗话》，读到明代诗人夏完淳之姐夏淑吉的悼亡诗及明末钱彦林的《七·七诗》。诗中一字一泪的真挚情意和流离之感触发徐悲鸿写下了《诗话两则》，这两则短文于1939年7月7日刊登在《星洲日报》的副刊《繁星》上：

    夏淑吉悼亡诗

明爱国诗人夏完淳，十七岁即死难，为中华民族空前绝后之天才，靡有异词。其姐淑吉，嫁侯洵年二十而寡，悼亡云：

萧萧鉴元夜，幽云起微凉。

眷言念君子，沉痛迫中肠。

音徽日以杳，翰墨酋芬芳。

灵帷空萧条，斋奠直荒唐。

举声百忧集，涕泣不成章。

情意真挚，一字一泪，诗人薄命，诚可伤也。

七·七

明末吴中应社志士钱绮彦林，七·七诗云：

对泣南冠度长宵，江乡千里客愁遥。

双星若识人间事，也定凄然罢鹊桥。

不胜流离之感。

7月7日总督画像开工之日，又挥笔写下《廿八年七·七招魂两章》：

恭奠香花沥酒陈，丕显万古国殇辰。

星河耿耿凄清后，魂兮归来荡寇氛。

想到双星聚会时，兆民数载泣流离。

同仇把握亡胡岁，预肃精灵陟降期。

这两首诗亦刊于1979年7月14日的《星洲日报》副刊《繁星》版上。

7月9日，又请总督到江夏堂让徐悲鸿直接写生，画在正稿的画布上。总督来时，徐悲鸿画总督的头部。总督离去时，把总督礼服衣帽、佩剑勋章等留下，徐悲鸿则用衣架将衣服挂起来画。前前后后一共画了五次写生。而当时总督驱车到江夏堂一个华人的家里，是一件震惊四邻、不可思议的事情。

对于这幅画的构思和构图的处理，徐悲鸿将这位英国总督置于一个华洋混杂的环境里，左边是英国式古典石柱，右手所扶却是一张古色古香的镶贝中国酸枝茶几。不少人批评不应将这两种中西道具同处一画。但正是选择了这两件难以调和的环境道具，使海峡殖民地总督处于一个特定的华洋混杂的典型环境中，从而也表达了他的身份。这正是一般的肖像画家的功力和匠心所不能达到的地方。

到8月底，高246厘米、宽130厘米的画像全部完成。为此还特别定做了一个柚木画框，重达85公斤。框上雕刻橄榄叶图案，代表胜利，又铺以金

徐悲鸿为汤姆斯总督画像(《汤姆斯总督油画像》现藏新加坡国家博物院)

漆，与画像相互辉映，总督夫妇看后十分满意。

徐君濂先生征求悲鸿的同意，最先将画像刊于《星光画报》上，之后《星洲十年》登载了这幅油画，中国的报刊画报也陆续刊登了这一消息。

由林汉河医生首先动议，英籍侨生公会出钱出面，请徐悲鸿为汤姆斯总督画像，再赠送给新加坡市政府，这是新加坡艺术史上数全其美的一件绘事。徐悲鸿不仅在广大华人及华人领袖的心目中取得至高的艺术地位，并且成功地以自己的艺术，吸引了英国殖民政府的最高层和英籍华人支持中国抗日。在那个时代，几乎没有另一位艺术家能与他相比。

悬挂礼和总督致谢信

1939年9月14日下午5时，在维多利亚纪念堂举行了隆重的悬挂典礼。达官贵人满堂，衣香鬓影。仪式由海峡殖民地行政议员陈祀思主持，他还代表当地华人致辞和赠送该画像予工务局。海峡殖民地工务局长巴特利代表接受并致答谢词，近百名星洲政要及商界名人应邀出席了这一盛会，其中包括中国驻新领事高凌百、林文庆夫妇、宋旺相夫妇、林庆年、曾纪辰、林谋盛、陈延谦、李俊承等，济济一堂，为况极盛，画像在一番仪式之后挂起，大家争相趋前观望这幅第一次由中国画家所画的新加坡总督肖像画。

总督也分别致专函给林汉河与徐悲鸿：

林汉河先生鉴：

> 余对新加坡华人请徐悲鸿先生绘画余之肖像，以赠工部局殊觉荣幸。因此议首先由先生提出，故敢请转达深切的谢意。余之能与新加坡华人有此快乐之联系，殊觉欣喜。此画实系成功之作，请君

对本人此点意见，谅必皆能同意也。

顺颂台安

汤姆斯

另一封答谢信是：

徐悲鸿先生鉴：

　　余愿热烈恭祝先生绘余油像杰作之成功。余觉该油画实为极佳之作，余尚谢先生绘余像时所予余之方便。并不使余忙碌期间，有何不便。余对先生之礼待，实深感谢忱。

此颂

汤姆斯上

（上录两信按1939年中文译本）

几十年后的今天，已没有多少人记得英国爵士礼貌周到的道谢，但一流艺术家的艺术造诣，却肯定会使政治家的形象更深地刻印在历史的册页上。

珍妮小姐的画像

我们连带提到的另一件事是：比利时驻新加坡副领事勃兰嘉于1939年7月6日举行了另一幅肖像油画的落成典礼，但要比汤姆斯总督画像悬挂典礼的规模小得多了，充其量只是一次在他的加东私邸举行的茶叙。

这位副领事先生邂逅了一位粤籍华人舞女，洋名珍妮小姐。他重金邀请徐悲鸿为他的这位女友画一张全身的油画像。此画是写生之作，光线从书房窗外射来，珍妮身穿长旗袍，靠在藤摇椅上。当年新加坡的舞女大多来自中国广东，她们在舞厅伴舞的月收入约在40元到百多元之间不等。抗日战争爆

徐悲鸿在《珍妮小姐像》油画前留影

发后，她们也组织了工会，筹款支援中国的抗战。也许这位珍妮小姐的东方性、温柔美，吸引了副领事先生。

7月6日这天，勃兰嘉先生广邀艺术界人士前往观赏大作，出席者除画家本人外，还有郁达夫、张汝器、黄曼士、谭云山、李葆真、徐君濂等。徐君濂先生回忆当年自己还是血气方刚的小伙子，本觉得徐悲鸿大师不该为一位舞女画这样好的画像，但还是勉强出席了这次茶叙。摄影记者在勃兰嘉先生寓所外的宽阔草坪上为徐悲鸿拍摄了照片，给我们留下了珍贵的历史资料。

原刊1985年9月23日新加坡《南洋星洲联合晚报》

失而复得的《寒江垂钓图》

为自己画中国画的肖像,一直是许多海外华人的心愿。当年新加坡华人富商陈延谦先生,为何要徐悲鸿把自己画成寒江垂钓的渔翁?为何一幅作品八年后还要再画一遍?

陈延谦的止园与海屋

"筑桥堤畔止园东,门向沧海水接空。"

新加坡东海岸的"止园",几十年前已是一座名园,它的主人是新加坡华侨银行的总经理陈延谦先生。"止园"著名的原因,除了它的主人身份和设计特别外,还由于它是20世纪30年代星洲诗人文酒雅叙的地方。

陈延谦先生1881年生于福建同安澳溪乡,父亲务农,幼年时乡间天灾瘟疫,一家8口仅活下父子两人。父亲悲痛之余,带着儿子到南洋谋生,先到缅甸，后落脚新加坡。

18岁的陈延谦在普通商店里学徒，28岁与友人合资经营绳索生意。往后七八年间，以独到的商业眼光，经营树胶种植与橡胶加工出口，1914年已发展到拥有3000多亩橡胶园。20世纪20年代的树胶价，由20多元暴涨到200多元一担，陈延谦先生把握了这"南洋黄金时期"的宝贵机会，一跃而成为新加坡最富有的华人。

当年欧洲人不允许华人加入树胶交易所，以保持垄断。陈延谦创设树胶实业有限公司与之抗衡。他又成立华商银行、华侨银行等八大公司。1932年和丰、华商、华侨三银行合并，成立了华侨银行有限公司，资本一千多万元，14间分行遍及印度尼西亚、泰国、越南、马来亚、缅甸各地。陈延谦则担任了当年海外最大华人金融机构的总经理。

陈延谦生于清末，受私塾教育，是一名"无意于诗诗自工"的诗人。他在1918年出版了自己的《止园诗集》，他的古体诗，表达了南洋第一代创业成功的华人领袖居安思危、勤俭忠信的思想信念。

陈先生的私邸称作"止园"，止园里有一座"海屋"，于20世纪20年代建成。海屋是从止园筑堤延伸到海中，放置图书诗画的水榭。壁上题着主人自撰的对联：

　　止水澄心观世变，园林息影觉身轻。

　　置身海屋，可极目南洋大海，水天一色，苍茫浩瀚。

1938年重阳，陈延谦先生愤于日本侵华，约请诗友数十人集于止园，齐作感时诗。陈先生作有《重阳日感东三省义愤》：

　　东邻横暴压藩篱，戮我烝民毁我旗。

　　遥想满城风雨日，同仇敌忾莫空悲。

邱菽园、黄孟圭、张明慈及后来的徐悲鸿、郁达夫等，都曾是止园诗友。黄孟圭有《题止园》一诗写海屋的风光景色：

烟雾如屏障碧川，轻涛拍岸卷清涟。

止园添得好风光，眼底狂波也有边。

徐悲鸿的《寒江独钓图》

1939年3月，徐悲鸿在维多利亚纪念堂举办画展，售卖作品以捐助中国的抗战，得到新加坡华人空前热烈的支持。

陈延谦先生时任华人上流社会的吾庐俱乐部主席，陈嘉庚离新加坡时曾代任南侨筹赈总会主席。

1939年3月21日，陈先生前往徐悲鸿画展，以个人名义及吾庐俱乐部名义分别捐款认购徐悲鸿的作品。现仍挂在安祥山吾庐俱乐部二楼的水墨《立马图》，就是陈延谦当时所购。画上题款：

廿七年初寒悲鸿写于香港，吾庐俱乐部补壁。

华侨银行的另一位首脑李俊承先生也捐款认购，徐悲鸿则特别为他们两人画了两幅彩墨人物肖像画。

20世纪30年代新加坡摄影还不普遍，能作肖像画的画家不多，能以中国彩墨画创作人物肖像的画家更少。徐悲鸿画展中的《九方皋》等彩墨人物画别开生面，显示了一代大师的艺术水平。以中国彩墨画为自己画自像，一直是许多海外华人领袖多年的心愿。

徐悲鸿画展期间，新加坡的报章称赞徐悲鸿："尤其是画人像为一时无两。画像最难传神，所谓传神阿堵，难之又难的事，可是徐教授对于这一点最有把握。"这样的画家来到新加坡,正是千金难求。

徐悲鸿为陈延谦和李俊承所画的两幅肖像画都是依照他们的意愿加以创作的。李俊承是新加坡佛教居士林林长,一次意外袭击中,他胸前的佛教居士徽章把子弹弹开,挽救了他的生命。画幅中的李俊承穿着袈裟,背景松石流水,表达了他的宗教观念。后来他赋诗一首以谢徐悲鸿:

　　着笔烟云起,乾坤一老翁。

　　山松随意古,水石自然工。

　　曼衍龙奔海,幽寥鹤唳空。

　　炎洲三岛客,何幸识春风。

　　（徐悲鸿为写松石小景赋诗谢之）

陈延谦先生则要求画一幅自己穿蓑衣,戴斗笠,漫天霜雪的《寒江独钓图》。

　　蓑笠本家风,生涯淡如水。

　　孤舟霜雪中,独钓寒江里。

陈延谦先生的这首题画诗,表达了他的创作意愿。

徐悲鸿对照真人和相片,先以铅笔起稿,再用毛笔勾勒,淡墨渲染,画出人物肖像的小幅画稿。然后再放大在大幅宣纸上,笔墨纵横,再画雪景背景。

《寒江独钓图》完成后,陈延谦的许多诗友均以此画为题,写了相当多的诗稿:

　　历尽繁荣倦世途,家风回溯到农夫。

　　余生已有安排计,一幅寒江独钓图。

（黄孟圭诗）

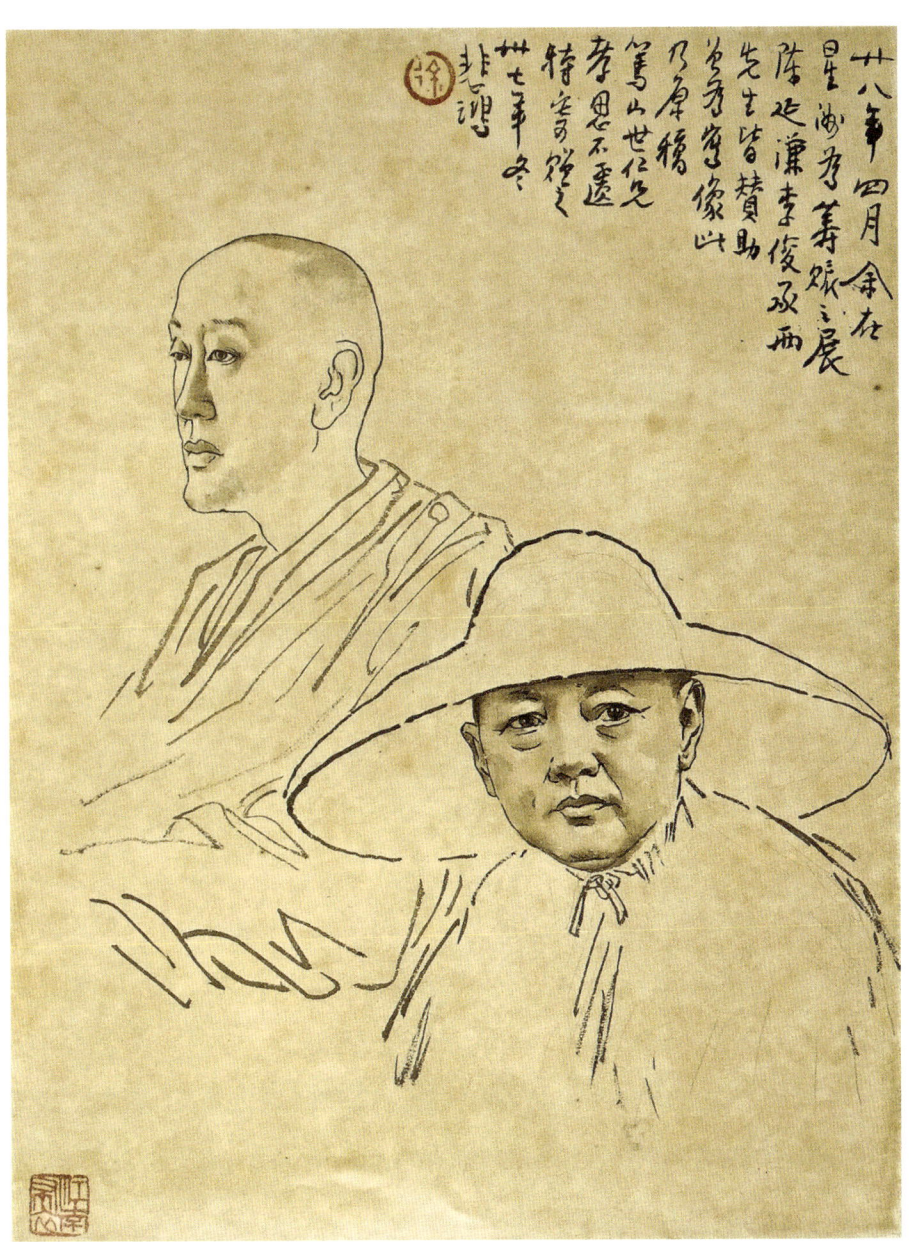

1939年,徐悲鸿为银行家陈延谦、李俊承画像

久栖热带久忘寒，冒雪耐寒一钓竿。

阅世须经寒苦境，深情且向画中看。

（黄瑞甫诗）

江干垂钓古人风，寄托如何总不同。

省识画图真面目，舟中坐者岂渔翁。

（洪鸿懦诗）

李俊承也为《寒江独钓图》题了一首：

戴笠披蓑上钓舟，满江芦雪水平流。

萧然自得垂纶乐，独占烟波伴鹭鸥。

太平洋战争爆发之前的两年间，每当亲友探访相叙，陈延谦先生常出示这幅《寒江独钓图》，大家以画为题，吟诗助兴。南洋美专的林学大校长，还临摹了一幅。陈延谦先生也将自己的诗题在画上。

止园饯别

徐悲鸿在新加坡所画的肖像画中，以海峡殖民地总督汤姆斯的油画像最为轰动。1939年9月14日在维多利亚纪念堂为该画像举行了隆重的悬挂典礼，新加坡的官商显要约近百人出席。

陈延谦、李俊承先生参加这一盛会后一个多月，徐悲鸿应印度诗翁泰戈尔的邀请，行将起程赴印。陈延谦先生特在止园设宴，为这位近年结识的画家诗友饯别，黄孟圭、郁达夫也出席作陪。

老来遣兴学吟诗，搜尽枯肠得句迟。

世乱每愁知己少，停云万里寄遐思。

陈延谦先生此诗所写的，正是饯别宴上的心情。其时海屋波光掩映，夜雨潇潇，更添此去千里的离别气氛。

郁达夫这晚反而轻松愉快，一点也没有"各记兴亡家国恨"的忧愁。席至半酣，郁达夫即兴吟出：

夜雨平添水阁寒，炎方今始觉衣单。

隅联孺子陈蕃席，此日清游梦一般。

此诗刊录时，郁达夫将"炎方"改为"炎荒"，"隅联"改为"叨陪"。

曾参加止园饯别宴的人，自1942年2月15日新加坡沦陷后就再也没有机会聚会了。

1943年陈延谦先生逝世。他生前在咖啡山墓地题句：

埋骨何须故乡，盖棺便是吾庐。

郁达夫、黄孟圭、林谋盛、庄惠泉及胡愈之等人，1942年2月12日乘机动舢板逃离新加坡，黄孟圭逃至印度尼西亚占碑，后被日军所捕，备受酷刑，关押到日本投降之日，在日本宪兵狱中苦渡362天。郁达夫则在印度尼西亚被日军秘密杀害，只有徐悲鸿仓皇之中安全离开新加坡。李俊承思念故人，写了一首《过止园记梦》，其中四句是：

一竿独钓随流水，千卷遗篇有典型。

乍喜故人来入梦，自怜尘劫几曾经。

失而复得的《寒江垂钓图》

1948年南洋商报摄影记者黄维恒中国采访回来，在新加坡芽笼路快乐世界体育馆展览作品。陈延谦的公子陈笃山先生看展览后想起，徐悲鸿正是九年前在新加坡画《寒江独钓图》的那位画家,可惜战乱中这幅作品已经不在。

陈笃山先生翻看抽屉中父亲的遗物时,找到《寒江独钓图》的照片。写信并把照片寄给徐悲鸿,希望能重绘一幅,信中留下地址、电话,并询问重画所需的报酬。

1948年末,解放战争白热化,炮弹不时落在北平郊区,市区的门窗被轰炸声震荡不已。市面上人心惶惶,法币币值江河日下。徐悲鸿在1948年11月10日先复一信给陈笃山先生,信中提及:

> 目下仆事务甚烦,日为员生生活奔走,寝食俱废。但以尊人关系,亦愿一尽微劳。惟有一条件,乃仆至友黄孟圭先生此时困在澳洲,世兄如能以400叻币交与其弟黄曼士先生……

1948年底,徐悲鸿将重新画好的画托人带到新加坡。他将《寒江独钓图》改题《寒江垂钓图》,并题款:

> 廿八年四月春,余为星洲筹款之展,陈延谦先生属此图。逮星洲沦陷,此图毁失。陈先生哲嗣笃山世兄函求重写,时国中烽烟遍地,人心惶惶。余方长国立北平艺专,情绪不宁。感于笃山世兄之孝恩不匮,勉力作此。卅七年十二月,悲鸿。

特别令人高兴的是1939年为陈延谦与李俊承所画的那张淡墨速写,徐悲鸿还很好保存着,也一并送到新加坡交给陈笃山先生,画上再题:

> 廿八年四月,余在星洲为筹赈之展,陈延谦、李俊承两先生皆赞助,曾为画像,此乃原稿。笃山世仁兄孝思不匮,特寄赠之,卅七年冬,悲鸿。

徐悲鸿在新加坡所画的肖像画大多是油画,《寒江独钓图》则是徐悲鸿所画的几幅最大彩墨人物画之一。它的特别还在于画中的主人翁,当年虽是

1948年徐悲鸿给陈笃山的复信

1948年，徐悲鸿重画并改题《寒江垂钓图》

星洲最富有的华人领袖，但他孜孜追求的却是"淡泊以明志，宁静以致远"的人生境界，他所奉守的是"蓑笠本家风""澄心观世变"的处世态度。而艺术家一幅作品的两次创作，则是在抗日战争及解放战争两次大规模战争的历史背景下完成的。

《寒江垂钓图》失而复得之时，陈笃山先生并不知道，"此时困在澳洲的黄孟圭先生"也是父亲止园饯别徐悲鸿宴席上的座上客。1925年在巴黎救徐悲鸿于饥困之中，致使徐悲鸿与星洲结缘的黄孟圭，在澳洲疗养战争伤残之际，也没有想到困扰中的徐悲鸿会竭其所能恩恩相报。

原刊1985年9月25日新加坡《南洋星洲联合晚报》

敬庐松风
——徐悲鸿与黄孟圭的敬庐学校

把徐悲鸿介绍到新加坡来的教育家黄孟圭先生开办了一所特别的学校，这间学校同时也是新加坡最早的裱画工场。新加坡裱画业的元老就是徐悲鸿介绍到新加坡来的邱珍祥师傅。

学校之外的学校

1941年中秋月夜，新加坡武吉知马纽顿附近山坡上，有一所与众不同的敬庐学校，那里松风习习，清风徐来，徐悲鸿与校长黄孟圭等人正在这里乘凉、赏月、吟诗。这是太平洋战争爆发前三个月的一幅如诗如画的图景。

敬庐学校是一所富家住宅改建的，房舍高低迂回。老房子的前堂是会客室，挂有徐悲鸿的《百马图》，大门口挂着徐悲鸿手书的"敬庐"校额。

校长黄孟圭先生1915年即获美国哥伦比亚大学教育学硕士学位，在法国

1941年9月11日下午6时许,徐悲鸿在敬庐为黄孟圭画像

与徐悲鸿相识而成莫逆之交,并把徐悲鸿介绍到新加坡来。1925年他任福建省教育厅长,在南洋教育界颇有威望。他考虑到许多受英文教育的富裕华人学生家长,对子女的中国传统文化教育有所需求,所以开设了这所学校之外的学校。学生白天仍到自己原来的学校上课,只不过寄宿在敬庐,学业上有老师帮助补习,自修华文,又要求学生亲自劳作,给学生讲述礼貌和做人的道理。为了使学生懂得劳动习惯的可贵,学校里没有请工人,一切清洁打扫工作都由学生老师动手,校长和副校长陈人浩带头擦桌子、抹地板。黄孟圭这一别开生面的教育方法,吸引了许多华人富户,远自马来西亚槟城、吉隆坡的富人都把孩子送到敬庐来。

徐悲鸿十分支持敬庐的设立，1941年11月8日敬庐学校开幕（开办后才开幕），徐悲鸿、李曼峰等均到贺，徐悲鸿不时到敬庐给学生讲演。敬庐也成为江夏堂、百扇斋外另一文化人的集合地点。有一次黄孟圭请徐悲鸿、司徒乔、冯伊湄、刘抗等画家到敬庐，徐悲鸿给学生讲到他画的一张油画肖像时，十分谦逊地说："这样的作品，在座的司徒乔、刘抗先生都会比我画得好。"

在印度与徐悲鸿相遇的书法家俞龙孙先生也被邀请到学校来表演魔术，陈人浩副校长则亲自手把手教学生练习大楷。

徐悲鸿一生中赠黄孟圭的书画甚多，当在百件以上。1941年9月11日下午6时，在敬庐学校廊右，曾为黄孟圭画素描半身像。1941年秋徐悲鸿为黄孟圭的书斋松风阁题字：

松风阁　敬庐右隅，松风习习，为狮岛最清幽之境，悲鸿幸得息游之。

有一天，徐悲鸿画了一幅彩墨《秋鹰》，黄孟圭在旁击节赞赏并口占七绝《秋鹰吟》一首：

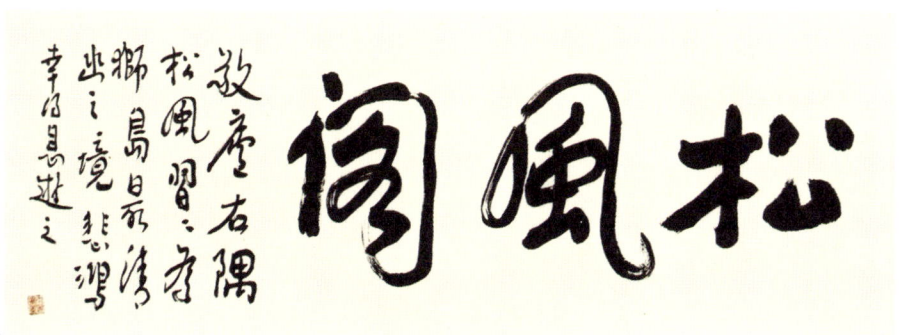

徐悲鸿题《松风阁》

> 扶摇直上到云端，万象萧森气已寒。
>
> 大地只余红夺目，霜枫为醉殿秋残。

徐悲鸿即在画上题上黄孟圭的诗句，又另将诗句书魏碑体赠黄孟圭，诗人、画家共钤印其上。

徐悲鸿与黄孟圭均住在芽笼江夏堂黄曼士家中，满园金鱼及胡姬兰，楼下客厅悬满名人字画，其中大多是徐悲鸿的作品。顺书房右侧楼梯上楼，楼上有四间房。徐悲鸿住最后的房间，二楼的小客厅是徐悲鸿的画室，二楼还存放着徐悲鸿的近千幅珍品。

黄孟圭先生在江夏堂与徐悲鸿朝夕相处，是为徐悲鸿的画题诗最多的诗人。

1939年黄孟圭曾写《读徐悲鸿画十律》，以80句诗共题了徐悲鸿49幅著名的作品，其中：

> 弹夹兴歌亦可悲，回头一看动吾思。
>
> （《六朝人诗意》）
>
> 平生服贾未抛书，风貌寒江一老渔。
>
> （《陈延谦寒江独钓图》）
>
> 大士拈花擅自描。
>
> （赠广洽法师《观音大士图》）
>
> 慑威人自凛雷霆。
>
> （总督汤姆斯像）

这些诗句均是写徐悲鸿在新加坡的主要画作。

徐悲鸿又为黄孟圭画《十一骏图》，田中牧场远处有两小人，题句：

> 两人似是牧马者，实与他全无关系。

听说马粪能种菰，大约他来看一看。

以此讽刺某些人在抗战期间发国难财。

因为黄孟圭生肖属鸡，徐悲鸿为他画了一幅以鸡为题材的《一鸣天下白》。1942年2月12日，日军眼看就要攻进新加坡，黄孟圭与庄惠泉、林庆年等在新加坡河登上机动舢板，逃往苏门答腊。黄孟圭后被日军所捕，直到1945年，日本投降后他被释放出狱，再见到徐悲鸿送给他的《一鸣天下白》一画，遂题七绝一首：

劫火又存画几张，披图恍又坐鸡窗。

时人毕竟知音少，只道徐君画马长。

黄孟圭被日军关押362日，备受酷刑。获释后仍要赞助徐悲鸿赴美展览旅费。徐悲鸿复信表示在国内情势下赴美已难，并报告自己近日创作：

孟圭大哥惠鉴：得3月5日手教，欣喜无极。两年以来，且以为

1946年，徐悲鸿获悉黄孟圭劫后余生，写给黄孟圭的信

兄已不在人世（数次消息均然），直至仲渊兄转示尊函，乃大喜释然。兄虽遭劫难，而大节德行乃大显于世，唯祝健康早复，为人类正义富劳而福寿无疆也。承示将旅费一部与弟，深感盛惠，但可不必。因：兄在养病。且有较长时间，囊中倘宽储几文，可得安心。而弟今还都且不易，既抵后，安置所有便大困难。欲事远游。必须将各画重行装裱。所费极大（今日国内物价超过战前两千倍），倘非他处担任用费，将不能行动。数年内亦薄有所作，主要者为《会师东京》，因陈孝威之文而兴，图作数狮集合于富士巅，《梅花》《紫气东来》《子路曾皙冉有公西华侍坐》等幅。倘蒙赐观，必又有助吟兴也，题鄙作《十马》诗极佳。兄赴美计划，弟极赞成，一年之后，必有成效。

1948年11月徐悲鸿又嘱人寄400元给在澳洲养伤的黄孟圭，黄孟圭与徐悲鸿的友谊一直持续到1953年徐悲鸿逝世，而黄孟圭的敬庐学校的一隅，在战争前夕还一度是徐悲鸿在南洋的裱画工场。

徐悲鸿的裱画工场

我们在芳林购物中心"书画舫"访问了邱珍祥老师傅，请他谈谈当年和徐悲鸿的一段缘：

邱师傅是福建龙溪县人，祖传精裱古今字画，在家乡为防抓壮丁，1941年南来马来西亚槟城，在"大吉祥"裱画店做裱工。

1941年夏，徐悲鸿恰在马来西亚槟城，正为赴美国举行画展画了大批的水墨画，到哪里去找好的裱工是件头痛的事。

邱珍祥是徐悲鸿最早介绍到新加坡的裱画师傅

槟城南国旅社的老板骆清泉先生广交天下名士,与徐悲鸿一见如故,并结下金兰之盟。一天他到"大吉祥"见到邱珍祥裱画,技术精到,居然比店里的老板还好,问了他一句:"是不是新客?"后来便差人请他出外到南国旅社裱画。

这天下午,骆清泉约好徐悲鸿在南国旅社二楼,交给邱珍祥裱一张小幅的徐悲鸿的马。"一张画如何裱法?糨糊如何煮法?"徐悲鸿都问得仔细,看得也仔细,这实际上是一次"考试"。徐悲鸿对裱工要求很高,纸翘起一点都不满意，即使画背后的蜡也要涂得十分均匀。此后，骆清泉就叫邱师傅辞工"大吉祥"到南国旅社，徐悲鸿也天天都来看邱师傅裱画，每天一个多小时，足足看了一个月，终于选择了邱珍祥师傅。

徐悲鸿因要赶回新加坡，临行对邱师傅说：我在新加坡还有几百张画，希望邱师傅能来新加坡。

邱师傅和骆清泉随后而到，黄孟圭先生安排邱师傅住在敬庐学校，并做了一张10尺长的裱画桌和纸墙，在敬庐学校宿舍的一角开辟了一间裱画工场，专裱徐悲鸿的中国画。

令人印象最深刻的算《百马图》和《愚公移山》几张最大的画，《愚公移山》是徐悲鸿毕生最巨幅的中国画。桌子不够大，只好在木板地上托底和上绫，难度很大，邱师傅一人单枪匹马，光是这幅画的托裱，就费时两周。

徐悲鸿急于将作品裱好以确定赴美的日程，所以三两天便会到敬庐来看一次。他不懂闽南话，陈人浩先生和敬庐的学生便为他们翻译，缺少木棍轴，张汝器便先从自己的"朋特"广告公司拿到敬庐。有时徐悲鸿需要用厚矾纸来写字，邱师傅便带徐悲鸿到漆木街的"玉发纸店"选纸。短短两个多月，邱师傅为徐悲鸿裱了约三百幅画，另又为黄曼士裱了三四十幅徐悲鸿的画。一时间，敬庐学校从宿舍，到会客室的墙上，挂满了徐悲鸿的奔马、竹、雄狮、鹰……

敬庐学校的学生上午放学回来，看到有很多宣纸的纸头纸尾，便拿着去向徐悲鸿要画，徐悲鸿总是说："画马就要慢慢来，先写几个字给你们。"当时年方十四的姚义夷便裁了方方正正的一张宣纸，拿到徐悲鸿面前，徐悲鸿问过姚义夷姓名，便提笔写下：

当年敬庐14岁的学生姚义夷以及徐悲鸿的题字

子欲居九夷，或曰：陋如之何？孔子曰：君子居之，何陋之有？

义夷世兄之属　辛巳初秋悲鸿

另又给姚义夷的哥哥画了张钓鱼翁，这些字画在新加坡沦陷期间被姚义夷先生用蜡纸包好，埋在地下，所以得以保存至今。

徐悲鸿也常和敬庐的学生一起吃饭，参加他们的联欢活动。本来徐悲鸿答允在1941年12月7日从江夏堂带一幅马来送给邱师傅，但这天学校开联欢会，徐悲鸿又要演讲，当天人很多，结果没送成。第二天，即12月8日凌晨日军飞机轰炸新加坡，邱师傅便离开敬庐。十年之后，徐悲鸿又将一幅喜鹊寄到骆清泉处，由骆清泉转交给邱师傅，邱师傅在新加坡也一住几十年。

战前新加坡只有一家小型裱画店，而徐悲鸿慧眼识英雄，为新加坡带来一位不可多得的邱珍祥师傅。那武吉知马的敬庐学校，也是新加坡最早期的裱画工场。

原刊1985年10月4日新加坡《南洋星洲联合晚报》

参见黄美意《徐黄二家》

徐悲鸿的印度之旅

徐悲鸿称登喜马拉雅山为"平生第一快事"。旅印期间,勤奋创作了他艺术高峰期的经典代表作品:《泰戈尔像》《愚公移山》《群马》《奔马》。这些都是徐悲鸿艺术丰碑不可或缺的部分。

1939年11月2日下午,新加坡30多名青年艺术家在爱华音乐社为徐悲鸿的印度之行举办欢送会。穿着灰西装,戴着紫红领结的徐悲鸿,谈起自己1938底从桂林顺西江飘流到香港,原意是想到英国,但欧洲战事爆发,改为应泰戈尔之邀约,经新加坡到印度举办画展。

欢送会上,徐悲鸿从玄奘讲到印度,临别又对新加坡的艺术发展提出十分中肯的意见。

1939年，华人美术研究会欢送徐悲鸿赴印度之行

星洲启程

1938年6月，印度国际大学中国学院院长谭云山到中国，代表泰戈尔邀请徐悲鸿到国际大学开画展。恰德国驻广州领事喜欢徐悲鸿的作品，徐悲鸿寄去数幅，得回几百元的画酬，即充当南下的旅费。

1939年3月，新加坡为徐悲鸿举办了规模空前的画展，进而他为总督与名流画像、售画，为祖国的抗战捐出了珍贵的艺术作品和一颗报国之心。与香港的画展截然不同，在新加坡受欢迎之热烈、天文数字的筹款、艺术登攀的喜悦，使徐悲鸿在新加坡竟逗留了10个月之久。

1939年6月29日，徐悲鸿到红灯码头迎接将回印度的谭云山，7月2日晚在佛教居士林为谭云山设的晚宴上，徐悲鸿与谭云山商谈赴印举行画展的细节，称"感情不可却"，并定于11月3日赴印。好友纷纷设宴送别。

太多的工作与应酬使行程不断更改,1939年11月18日下午3时,徐悲鸿与送行的林谋盛、黄曼士、林庆年、庄惠泉、广洽等几十位在新加坡结识的好友一一握手道别,登上经缅甸仰光赴印度加尔各答的邮轮。

仰光真"西游记"

海上航行了6天,1939年11月24日轮船缓缓驶入一处两岸明灯数列,滚滚江流尽是黄汤的港口,徐悲鸿觉得有点像自己熟悉的上海吴淞口。这,便是缅甸仰光了。

约了在船上结识的吴忠信、单医生等结伴登岸,但语言不通,见到小金塔,便以为是仰光名胜大金塔。幸而得到中国领事馆的帮助,乘车游览了金光灿烂、高巍嵯峨的仰光大金塔。徐悲鸿兴致勃勃,拿出画笔写生,想到晚间月满张灯的大金塔的美景,决定晚餐后一行人再次登临。

又游唐人街,泛舟荡漾于维多利亚"王家湖"上,夕阳乍敛,满天晚霞,天的另一方皓月突现。目不暇接的异族风光习俗、手握白色香花轻盈婀娜的长裙少女、形态怪异的热带古树、金碧辉煌的佛殿柱廊……仰光,徐悲鸿认为是一个"无顾虑、不言不笑,一切希望都献诸偶像的民族之极乐世界"。

徐悲鸿感觉这次印度之行,有如一千多年前的玄奘到西天取经,仰光有如取经途中多姿多彩的西域小国,是一次真的,而不是小说中的,真的"西游记"。

夜深人静,回到船上,虽名城良辰美景,徐悲鸿又担心起重庆的夜袭,南宁的争夺战……祖国牵怀,挥之不去。他疾笔写下一篇4000多字的《真西

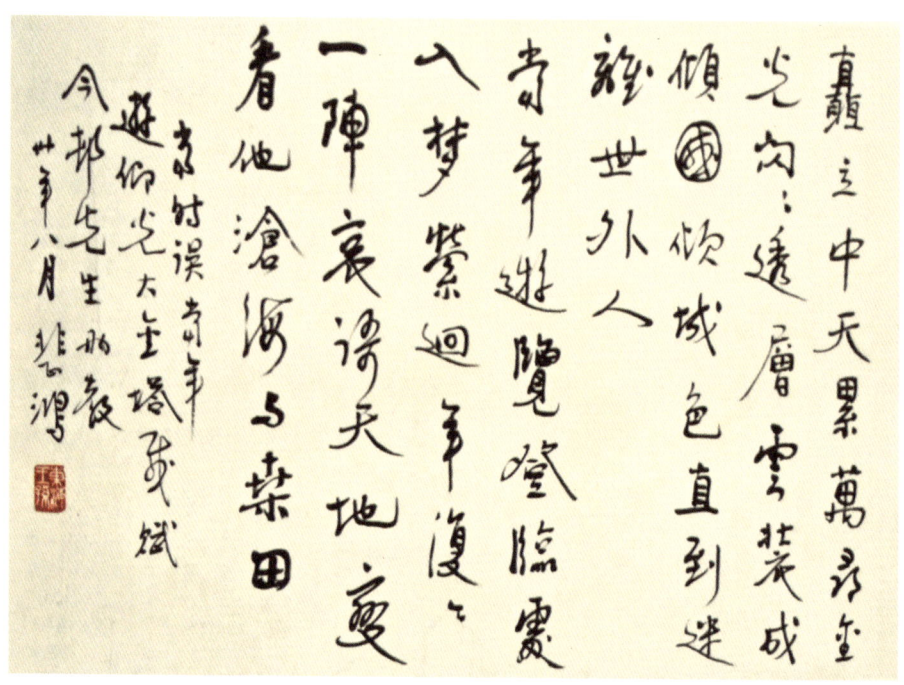

徐悲鸿题游仰光大金塔感赋

游记》。

加尔各答一星期

从新加坡到印度的旅程共11天,1939年11月29日才抵加尔各答。谭云山等在码头迎接,在大陆旅馆住了7天,徐悲鸿觉印度的物价颇贵,旅店连早午晚餐,一天费用7卢比。

印度加尔各答的海关,要将徐悲鸿那七八个装满古今中外画作的画箱中的作品每幅点验、登记、估价、交保(否则照估价预缴关税50%)。对艺术无知的海关关员,还要用铜印在每一幅画上戳一记海关的蓝色印章,徐悲鸿气得直骂"那舅子的税关""真不是东西"。

幸泰戈尔迅速派人交涉,总算把印戳改在画的标签上,保住了这批艺术品的完美,徐悲鸿也清楚了自己所携带的近六百幅画的确切数目。

为了这批画的通关,徐悲鸿在加尔各答滞留了一星期,巧遇俞龙孙先生,两人在加城办了一个小型的书画展。两间华侨学校的几百个穿童子军服的学生和华侨绅商,举行了隆重的欢迎会,徐悲鸿勉励学生刻苦奋发,爱国团结。

圣地尼克坦

在印度加尔各答以北约160平方公里寥廓无垠的大平原上,泰戈尔按照自己的教学理想,设立了一所叫作圣地尼克坦(Santiniketain)——和平村的国际大学,有文、史、哲、语言、美术、雕刻、舞蹈各学院、研究院、博物馆、图书馆,课程与一般的大学并不完全一样。

1939年12月6日上午11时57分,徐悲鸿记下这抵达圣地尼克坦的时间,远望这占地千余英亩、古树覆盖、苍翠起伏、蔚然深秀的世外桃源,不禁触景吟诗:

黍谷成仓欣太熟、江山自古爱清秋。

谭云山安排徐悲鸿在中国学院住下,这里静谧花香,鸟不避人,窗前常有鸟儿停驻。和风荡漾中,徐悲鸿从未见过的木棉花开了,他兴奋地画好一幅满树煊赫火红的木棉花后又题上:

灿若朝霞色,高与青云齐。

徐悲鸿画作《圣地尼克坦的木棉花》

  孰具英雄章，棉花傥可师。

  吾居广西几两年，往来广东十余次，曾无缘一见木棉花开，廿九年游印，乃始赞叹其光华灿烂之容，顿舒积热，即录往日题树人画句。

徐悲鸿将携来的几百本图书赠送国际大学，为大学讲学，筹备画展，备受师生的尊敬。在圣地尼克坦的学院平台上，悲鸿迎来一天又一天的朝阳，送走一夕又一夕的晚霞，放下画毕奔腾骏马的画笔，国破家愁，不禁长叹，又写下：

  孑然一身，良朋渺远，故园灰烬，祖国苦战，时兴感慨耳。

12月14日下午3时，秋高气爽，徐悲鸿一百多幅作品在国际大学美术学院画廊展出。神仙般白发银丝的泰戈尔笑语迎客，校中各研究院院长、教授、校长及夫人共百多人出席开幕式。少女献上花环，头戴庄严黑帽、着黑色大衣的泰戈尔致辞，他讲述中印文化交流的历史，盛赞徐悲鸿是中印文化交流的使者。

徐悲鸿这天穿着粗布铜扣大袖的长袍，比穿西装好看些。他感谢泰戈尔的邀请，来到这春风时雨、草木茂发、鸟鸣花香的地方，愿今后做些文化交流使者的工作。他形象地比喻说：这项高贵的使命，就像把荷兰没有香味的水仙带到中国后，却成了五大香花之一。中国的菊花也源自欧洲。

身穿鲜艳民族服饰的少女，再以鲜花花环献在徐悲鸿颈项，吻足，又一少女以玉簪花沾香粉浆，涂在有些惶惶不安的徐悲鸿额上。

1939年，徐悲鸿抵达印度后为泰戈尔作的肖像之一

会见圣雄甘地

来到圣地尼克坦后,悲鸿觉穿西装俗气,特别订做了粗布驼绒袍子。

1940年2月17日上午11时,甘地到圣地尼克坦访泰戈尔。这是轰动印度的大事。

几十棵古树中的两棵柠檬树之间,挂设了巨大的帐幕,地上铺了千幅地毡,人们焚香献花,歌唱祈祷,欢迎印度的精神灵魂甘地。

中午12时,泰戈尔把徐悲鸿介绍给甘地。甘地同意泰戈尔的建议,下届国民大会时,举办徐悲鸿画展。欢迎及祈祷的仪式直至月色皓洁莹彻,徐悲鸿觉此刻山川草木更加明秀,他给甘地画了像,觉甘地不黑,也不矮,他的

1940年,徐悲鸿用钢笔画了甘地与泰戈尔会面的速写,甘地在画上签了名

思想是新印度的灵魂。

中国神话愚公移山的故事徐悲鸿构思已久,他在国际大学为这一主题创作的草图与人物写生便有数十幅。徐悲鸿在七十多岁却还身体健康、思维敏捷的甘地身上,有如见到愚公的影像,他圣贤般的品德,能影响几亿印度人民干出惊天动地的事。徐悲鸿当天即记录下整天与甘地会面的过程:

今天与印度整个灵魂共同生活,深感欣幸。

登喜马拉雅山

徐悲鸿在印度极勤奋地创作,画恒河上的古堡、琴鼓乐手,人物、动物等,但最大的心愿,是到喜马拉雅山世界最高峰写生创作。

1940年春日徐悲鸿在印度对鹫写生

1940年4月1日，徐悲鸿抵达喜马拉雅山域的大吉岭。徐悲鸿随身携带纸笔，十几二十分钟画一张速写，记录途中可捕捉的艺术题材。

在三位友人的陪同下，5月底徐悲鸿深入靠近锡金边界的喜马拉雅山地区。他骑马漫行在万丈悬崖峭壁的羊肠小径上，寒风袭人，白云在身边飘过，不时上演惊险的镜头。神奇的原始森林，白云绕着雪峰，日出日落金光灿烂，雄奇壮丽的世界第一峰就在眼前。徐悲鸿自觉一生无憾，以登喜马拉雅山为"平生第一快事"，更激发他在艺术上攀登最高峰的雄心壮志。

徐悲鸿在旅途中，写了不少诗句，记录下这攀登的过程：

无论千山与万山，忘却迢迢世路艰。

羊肠小径穿云上，俯视千寻心胆惊。

顷刻盘旋三千里，四围山尽白云封。

曲折峰峦自往还，往还总在翠云间。

白云回护山中树，造化阴阳指顾间。

人世兴亡浑不见，九天风露到身边。

徐悲鸿在喜马拉雅山见到又红又大的石雨花，即好友陈散原起名"云锦"的巨大山林，赞叹不绝，咏出"花上九霄花愈浓"的诗句。徐悲鸿欣赏石雨花之纯洁，凡有这种奇树生长的地方，不但不杂生其他树木，连杂草都没有。

深山中居住的华人，与外世隔绝，仍留着清朝的辫子，对中原烽火战事完全不知，使徐悲鸿十分感叹。

旅程晚间，徐悲鸿仍然灯下作画。一天闻祖国湖北战役获胜，他豪气勃发，画下了巨幅的《群马》《奔马》，这些都是徐悲鸿中国现代水墨画顶峰的代表之作。他画了不少的山鹰，和在星洲一样，狮、猫、竹等仍是他熟悉的题材。

徐悲鸿所作《骏马》

与泰戈尔的友谊

45岁的徐悲鸿结识泰戈尔时,泰戈尔已经79岁。他须发全白,慈祥和善,生活饮食简单。虽行动不甚方便,但与徐悲鸿谈哲学、文学、艺术,往往连续几个小时而不倦。

泰戈尔有山一样的文学与音乐作品,写英文诗也写印度诗,作曲3000多首,识字的印度人都能歌唱他的歌曲。他60多岁才开始学画,但十几年来已积存2000多幅作品。人们称他为举世尊敬的"古鲁伐特",徐悲鸿称他是"著作等身,名满天下,康宁寿考"的"真神仙中人"。

泰戈尔十分欣赏徐悲鸿的艺术,邀请徐悲鸿到国际大学举办画展。泰戈

徐悲鸿以1940年登喜马拉雅山为平生第一快事,作《喜马拉雅山》

尔安排徐悲鸿在圣地尼克坦的餐饮在自己秘书谦达先生家中,谦达夫人也是一名画家。泰戈尔用诗的语言,为徐悲鸿画展写了序文:

> 美的语言是人类共同的语言,而音调毕竟是多种多样的。中国艺术大师徐悲鸿在有韵律的线条和彩色中为我们提供一个在记忆中已消失的远古景象,而无损于他自己经验里所具有的地方色彩和独特风格。我欢迎这次徐悲鸿绘画展览,我尽情地欣赏了这些绘画,我确信我们的艺术爱好者将从这些绘画得到丰富的灵感。既然旨趣高奥的形象应由其本身来印证,多言是饶舌的,这样我就升起谈话的帷幕,来引导观众走向一席难逢的盛筵。

徐悲鸿以画家捕捉形象的触觉,泰戈尔形象有如自己所藏任伯年所画的白居易,又如杜甫诗句的"汝阳让帝子,眉宇真天人"。徐悲鸿要"吾必写之,又写之像维摩诘,以毕吾愿也"。

1940年1至2月间,徐悲鸿为泰戈尔画了许多速写素描,那幅彩墨肖像是现代中国画的代表作品之一。

一天早晨,泰戈尔十几岁的外孙女也要徐悲鸿为她画像,徐悲鸿高兴地为她画了幅素描,这幅画像现仍很好地保存在她女儿家中。

泰戈尔的画作在伦敦、巴黎、莫斯科都展出过,徐悲鸿说:泰戈尔一生大半时间沐浴于大自然的日月星辰、山川草木、鸟兽虫鱼、奇花异卉之中,因而孕育了他美的心灵,大自然的一切都是他的创作题材,传统的陶瓷装饰或波斯图案也是泰戈尔的创作启发。徐悲鸿观察他作画时:全神贯注,心无杂念,一气呵成,风格激情洋溢。

1940年11月,徐悲鸿向泰戈尔辞行回新加坡,泰戈尔大病初愈躺在卧椅上,要求徐悲鸿临行前为他的画集选画。徐悲鸿与圣地尼克坦美术学院院长

徐悲鸿所画素描《泰戈尔像》

在泰戈尔的客厅中整整工作两天，选出精品300幅，最佳的70幅交圣地尼克坦国际大学出版。

1941年8月7日泰戈尔逝世的消息传到新加坡，徐悲鸿立即写了《泰戈尔翁之绘画》《诔泰戈尔先生》两文，分别刊在《南洋商报》与《星洲日报》1941年9月8日追悼特刊上。下午5时30分，又到电台忍痛向全新加坡读出自己的广播稿：

> 上个月的7号，亚洲落下一颗巨星，印度最大诗人泰戈尔仙逝……我游印度是由泰戈尔先生的盛意邀请，并在泰戈尔先生所创立的国际大学住了8个月。当然我所见到的不过是些皮毛，但皮如

徐悲鸿所画中国画《泰戈尔像》

徐悲鸿为泰戈尔外孙女所作的肖像

虎之皮,毛如孔雀之毛,也就够美丽了。他老人家九一八之前对中国、日本一样,这十几年来,激动了他的正义感、堂堂正正出面申斥侵略者,指为祸首,直至其临终前所发表的意见,仍是如此同情中国坚强抗战,以爱好和平。泰戈尔先生如此激昂鼓舞我们为自由而战!为正义而战!为光明而战!

接着,徐悲鸿又播出泰戈尔自己作的一首英文诗和一支印度歌曲。

徐悲鸿十分珍惜与泰戈尔的友谊,直到1953年生命最后一刻,与泰戈尔合影的大幅照片仍挂在家中,仍保留着1940年的日历。徐悲鸿从印度返回新加坡后,即以《泰戈尔像》参加1940年12月19日的第一个画展。

旅印期间,徐悲鸿创作了《泰戈尔像》《群马》《愚公移山》《奔马》……这些都是悲鸿艺术丰碑不可或缺的构成部分。而新加坡,则是这一旅程承前启后的中转站。

徐悲鸿在旅印期间诗兴不减,其中一首是:

茂林尽处百千家,极目寒江啼晚鸦。

最爱盈盈东逝水,清名让与恒河沙。

他还写了《真西游记》《鸿汛》《与印度圣者的会见》《我不胜惶恐之欢迎会》等文章。从印度寄回新加坡发表,这些诗文,是徐悲鸿印度之旅最详尽细致的记录。

1940年12月13日下午3时,徐悲鸿乘轮船从印度返回新加坡,结束了12个多月的印缅及喜马拉雅山之旅。略做休息,又马不停蹄地奔波于马来半岛。

原刊1990年7月新加坡《联合早报》

徐悲鸿与泰戈尔的合影

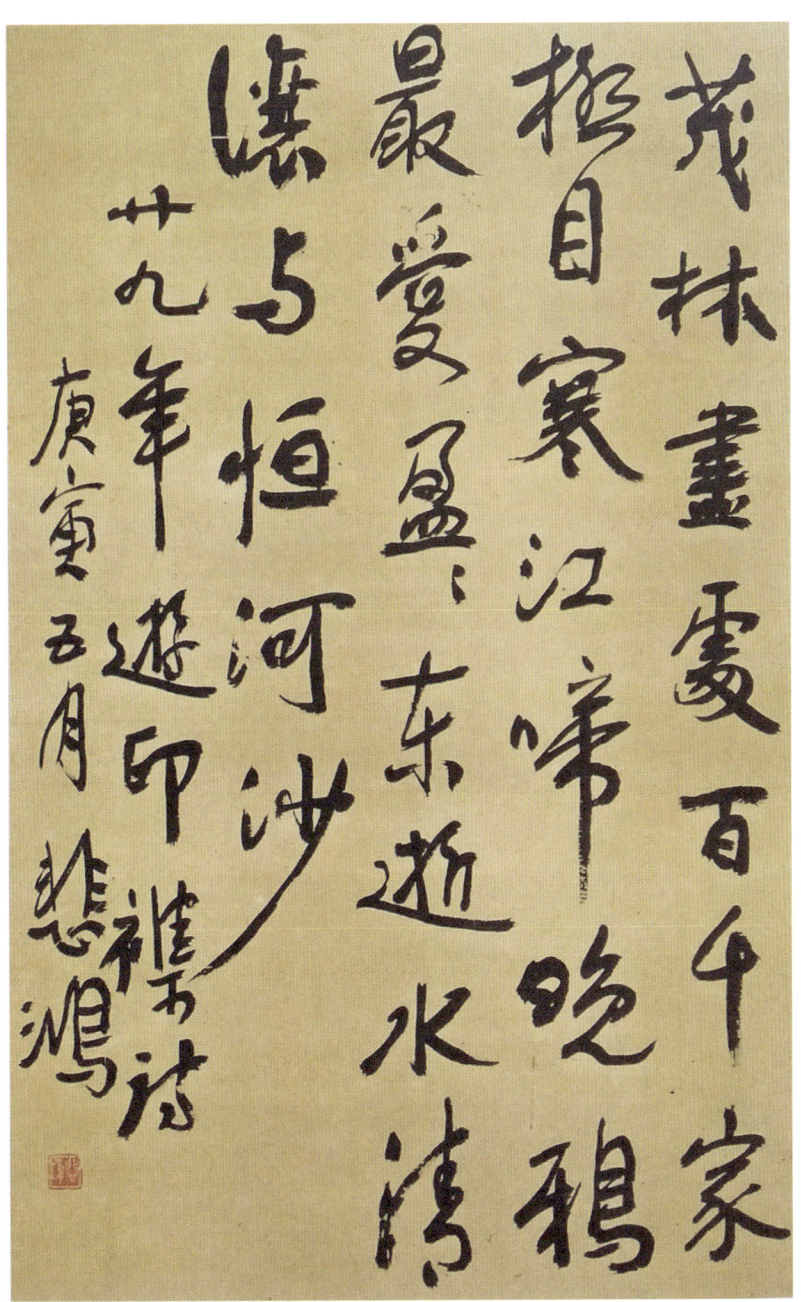

徐悲鸿书《游印度杂诗》

第二章

艺坛交游

徐悲鸿写给
林语堂的九封信

徐悲鸿写给林语堂的9封信,详尽记录了从1938年起他筹备赴美举办中国绘画展览的过程。而1942年太平洋战争的爆发,使徐悲鸿筹备4年的这一计划,抱憾终生。

1938年日本侵华,在中国东北、上海、南京相继沦陷之际,男儿欲报国及婚姻感情触礁的复杂心情下,徐悲鸿辗转来到桂林。9月15日在桂林写信寄往美国《纽约时报》给林语堂,希望借助林语堂在美国的社会关系,在美国举办中国绘画展览。这第一封信主要提及:

> 巴黎国立外国近代美术馆内,藏弟《古柏》一帧,暇中请往一观并祈他日赐我尊见。弟此时拟以拙作一二百幅(纯艺术不带宣传作用),往美国各大都市展览,以所得之半数购药品救济伤兵。展览所在必国立或省立博物院与美术馆图书馆。先生交游遍天下,不知在美有无知交(不要本国人)可以委托此事。弟不久将应诗人泰

徐悲鸿致林语堂书信

戈尔先生之邀往印度。

其后，徐悲鸿取出桂林七星岩的千余件画作，顺西江飘流到香港。1939年1月4日乘轮离香港，1月9日到达新加坡。他以新加坡为立足点，1939年至1941年间，在新加坡和马来西亚的吉隆坡、怡保、槟城四地举行画展，为中国抗战捐出数目不菲的全部卖画所得；又往印度圣地尼克坦国际大学、喜马拉雅山一行，这是徐悲鸿一生创作力最旺盛时期之一。

但林语堂当时并不在纽约而在巴黎，埋头写小说《京华烟云》，直到1939年秋回到纽约后才读到徐悲鸿的这封信，而徐悲鸿11月18日又往印度。直至1941年徐悲鸿在马来西亚怡保才收到辗转而至的复信，并在1941年3月14日写第二封信给林语堂：

语堂先生赐鉴：顷读二月五日通信至为兴奋，弟于二十八年十月因泰戈尔翁之邀携拙作出国,经新加坡曾为筹赈之展,又为坡督写像,故羁留颇久。去年居印度,年终返星。自今二月至四月接连为吉隆坡、怡保、槟城三展,所得全数捐国,虽旅运费皆弟自给,已是成绩尚佳(吉隆坡坡币一万七千五,怡保未清算已逾一万)。

弟历年所积及旅印近作约有中西画三百(大半为班底),朋侪作品如齐白石五十余幅,张大千二三十,合二百余幅,皆一时之选。

此时弟尚欲赴槟筹备三月廿九日至四月四日展。在马来亚有两月之留。

1941年5月,林语堂复信徐悲鸿,美国援华联合会向徐悲鸿发出在美国举办中国美术展览的邀请信与邀请电报。徐悲鸿收到电报尚未收到邀请信时,已在槟城写第三封信给林语堂:

(1)此展目的之主要点在文化宣传,故必须有几位博物院院长或美术馆长参与其事,届时将在其所属场所举行。即弟当年亦均在法、德、意、苏等国之著名博物院或王宫内举行也。(2)弟个人川资等用费殆无问题,惟须与当地政府商准外汇,或者可以办到。(3)弟必须有一堂皇之团体邀请,则此间出口,美国入口皆可省麻烦,此节弟个人认为重要。(4)弟法文能说能看。英文方在初学。仅能勉强看报、并不能说,是件困难事,弟如能成行必告行程等等。要人接船,非为场面(弟不爱这一套)实在必须。因弟所携之物必有二十大箱,弟当年曾收集些六朝及唐代俑及陶器皆携出,既远行亦不便寄存此间。(5)卖品所入当然大部捐出。抑弟个人所愿贡献于国家者当不止此。(6)白石精品弟有大小六十余幅，弟尚得其自叙，颇有趣，彼与弟之通信亦五六十封，唯石涛则成问题，弟当函告大千，但不能必也，因战时交通既不便而此类品物早已置于安全所在，移动为难（此事弟极赞成，唯石涛最大杰作藏罗家伦及张群处，弟亦将设法）。

援华联合会电已收得，函尚未到，弟拟在十月前到美，恳先生详为计划，感盼不尽。

1941年6月25日徐悲鸿尚未收到复信，在马来西亚金马仑山中写第四封信给林语堂。谈及赴美一些细节的安排：

弟拟请准出口后，将画件先运美，俾得较大之自由，因无以可乘飞机也。弟此时思乘八月二十日由港开美之舟。目下在战争之际，离此赴美有许多手续须办，即美领签字亦须美方有证件方可也，统祈为力。弟必俟赐书后乃作最后决定。弟所期待者两事：（1）必须有Invitation，（2）须谋得入口海关之便利，二者缺一不可。至于个人费用弟已有相当准备。弟向持朴素生活，且所志在筹赈，国难又严重如此，既非外交人员，不辱国即可。弟所携带大概画件十箱，古物三箱，衣服两箱。印一箱。书籍两箱，用具（文房颜色等等）两箱，不过二十箱。尚有一点请明示者即弟既来美决不止一处展览。自西徂东。抑自东徂西，因物多须做一经济打算也。

1941年7月8日，徐悲鸿读报知有关美国进口限制。又希望蒋碧微一同赴美，以挽救破裂的婚姻。再写第五封信给林语堂：

语堂先生：日来阅报见美国进口之限制多得厉害，因为收集石涛作品弟曾函内子在重庆设法向张岳军（十二幅通景屏石涛生平第一精品）。张大千、罗家伦（最精一巨帧）征求航寄香港，再寄华盛顿大使馆，以轻责任。弟并邀内子同行（二十年之老婆并无第二人，望弗信谣言）两事虽未必成。顾赴美入口必当预备。恳先生为弟谋时加入内子一人（名蒋碧微Pillevi年四十二岁）。拜祷。

又弟曾属中华书局将石涛各种画册以及白石、大千与弟拙作各集直寄纽约中国领馆应用，恳便中代为关照。

弟并无官员护照，抑弟亦不要，故必须请先生设法为弟在华盛顿（据说如此）取得入口准证及画件进口免税，两事最关重要，否则一切均属徒然也。

徐悲鸿连续写了第4、5封信后，从马来半岛回到新加坡江夏堂，郑振文博士同意任徐悲鸿义务秘书赴美，徐悲鸿再写第6封信给林语堂。

堂先生惠鉴：自得手教已奉两书，念此时在太平盛世，正是暑假，故知足下与一切友好将分散山市水涯，难以进行琐事，而弟则两月准备，事皆就绪，只期待前函所陈两节，即：（一）须得一正式invitation。（二）须与海关商妥后，方能入美无阻。征集石涛作品须在重庆努力，弟意或可能有结果。兹有一要事奉托，友人郑振文博士足下或能识其人，精于矿学，原任国防委员会参事，因私务返南洋，更思于技术（矿学）方面谋得新识，故愿屈尊为弟义务秘书，同赴美国。弟等能节俭，抑知所准备，故经济绝无问题，请兄释念。惟恳费神、速为谋得合法入口手续（此间银行担保当然无问题）。

1941年7月25日，林语堂复信给徐悲鸿，表示准备发起组织一委员会筹备赴美画展，以及可能与时在槟城的徐悲鸿面谈。同年8月14日，徐悲鸿在槟城再写第7封信给林语堂：

尊意另组发起委员会邀请文艺界及博物院人物参加极为扼要，又假近代美术馆为他日会所亦合乎理想。惟以最急问题详为兄告，计书到时暑假将尽。恳急为进行。闻美领馆此时无权签照允许人往赴美国，而英国方面以外汇故，亦不许非美国人往美国，故必须由发起机关委托一热心而精明之人为弟与郑振文先生（前函已详告）在纽约购好由星加坡或香港赴美头等船票两张，电告星加坡American Express，其余当然包括入口签照等等一切在此不能详知之各种合法手续。（2）同时画件入口必不容缓，请速告纽约于总领事，如何设法，此两点为最主要。再者大千于两月前去敦煌，门人孙君同行，故石涛作品展览只能从缓。

弟有一无上之宝可抵石涛三十幅，此次来槟亲迎，相见再详述一切。

林语堂及为徐悲鸿筹措画展的古董商姚先生给徐悲鸿复信，谈及海关报关的细节。

由于国际形势越加紧张，徐悲鸿"渐有些心焦"。1941年9月13日写第8封信给林语堂，表示为节约准备只乘搭货轮赴美国：

承示各节及姚先生书，谢谢，关税壁垒天下以印度为第一。弟前年在印，先由领馆接洽好，并由国际大学担保，将弟携物各件点明登记估价（由弟自报）存一List于关上，离印度时照样点过，如缺一件（不论任何理由）须照估价纳税百分之五十，弟去年一年虽亦卖掉些画，皆是在印所写，故未在关上税。今次拙作大小约三百件，一百年以前之画约二百件。照姚先生所示，只是手续之繁而已。估一底价大幅百元，次五十元，再次二十元，小者十元，如卖去，当然纳税。此节仍须与关上先接洽，方减麻烦。

弟与郑君一得准电便将动身，行前必电告。兄得电便可接洽。大约画件直寄纽约。弟等乘舟将在三藩市或Los Angeles登岸，以货船份数为多，因外汇极难请到也。弟在香港有两箱印刷品（拙作画集及白石等画集）又上海亦有寄来（其中有亚尘画十余幅）皆由纽约领馆转恳告余先生，如接得，请提取。此时渐渐有些心焦。

在林语堂、获诺贝尔文学奖作家赛珍珠、出版商华尔士、古董商姚先生及美国援华联合会的努力下，为徐悲鸿、郑振文取得美国入境签证。徐悲鸿在新加坡也已订好12月6日赴美国的"总统号"船票，又寄出4箱书画运往美国。1941年11月17日徐悲鸿再写第9封信给林语堂：

语堂吾兄惠鉴：赴美一切手续用六人之力，两足月工夫及人肉七斤半，勉强做到可以上船，大概需六万字方够叙明，而足下在美一大段文章尚未计在内。总而言之，倘任何大著之一部，如需如此气力方得完成者，足下将当不得天才两字。至弟生平便尚未竣工之《愚公移山》只费了相等之汗，远逊其麻烦，更未用其万分之一之祈祷也。英美人本事究竟不错，不禁佩服。

昨日特与郑兄往访郁达夫兄，据说尊著《京华烟云》译完大约三十万字，彼已有十分之一，发表于此间《华侨周刊》者殆两万字，间至来年五月可以全部译成。弟乃在尊址与之，彼日内将有书致兄说明一切。译文亦由彼直接邮寄左右。彼今在《星洲日报》副刊编辑兼编《华侨周刊》，甚为忙碌，以弟观之，明年五月必不能完工也，三千条注之原书弟等皆阅览，良佩兄之精力。

Sharp货船公司者其槟城经理系一友好，其夫人亦兄忠实读者之言，乘该舟可不用美金购票。惟航程须五十余天，弟返星仍倚赖之。讵至手续办妥定船，乃悉公司无权应客，只船长有权，而此期又无船位，故弟以画四箱交之运纽约（必须美国付款、故电恳）。面弟等将乘十二月六日开出之总统船（Pres. Harrison）大约新年一月一、二日抵旧金山，五日或六日可到纽约与兄等晤面也。兹将请求诸事列后：

（1）凡兄弟等所耗零星如电费之类请皆计数，概由弟等负担。（2）请即留意能为弟助力之人，郑兄之英文即够应用而人地生疏也。（3）请与各友好详商，着力各城博物院要人。此节最重要。因如此，吾人便将留一部分重要作品于安全所在，能产生文化上实际效率。（4）住所问题亦须未雨绸缪。（5）弟画四箱（三木箱，一铁箱）交Sharp公司由此次开之船直寄纽约中国领馆，四箱记号为A、D、C、F中有中国画共三百二十三幅，油画分卷共十二幅；其余由弟自带，当告知冯总领事执正。两船到达之时相差不远，此乃临时变更之计划，恳兄告知于总领事，弟日内即将详单寄奉。至Consulte inroice弟自当依法做好。（6）弟等已定在旧金山上陆，当先函告冯先生。弟与之相识，以情（？）度之，彼将能尽力照拂也。如兄有便，亦祈告之，弟等到后兄必大忙，因弟所依惟兄一人，此则必恳兄早为安排者也，余俟续报。敬祝

文祺　　弟　悲鸿
十一月十七日星洲

如兄能寄二百元与冯总领事尤善。香港两箱印刷品已寄出，寄

与纽约中国领事馆转者。

但寄出第9封信之时,战争的硝烟已笼罩了世界的天空,随即,赴美的轮船宣布停航。20天后,日本偷袭珍珠港并轰炸新加坡,日寇陆军中将山下奉文率日军在马来半岛登陆,长驱南下。

迫于形势,徐悲鸿托付友人在新加坡分藏他的画作,并在最后一刻无可奈何地乘船离开,从此就再没有回到新加坡来。

1942年2月15日新加坡沦陷,徐悲鸿筹备4年之久,赴美国举办中国绘画展览的计划幻梦成空,终生抱憾。

林语堂的女儿林太乙在1987年10月9日将徐悲鸿写给林语堂的9封信交台北《中国时报》发表。这9封信分别从现在的中国桂林,马来西亚怡保、槟城,中国香港及新加坡寄出,正是1939年至1941年悲鸿在星洲(包括中国香港、马来西亚、印度)这段经历的一份详尽的自述。其民族热血之情及日常生活细节跃然纸上。这也是文坛、艺坛两位重要人物历史交往的详尽的记录。

据林太乙回忆:徐悲鸿回到中国后,得知林语堂以毕生积蓄发明中文打字机,曾去信询问,并请林语堂致书纽约古董商姚先生,将他先行运美寄存的几箱画交王少陵先生处理。此后,便没有再通信了。

参阅《中国时报》载林太乙《雪泥》

大师的会见

太平洋战争爆发前夕，李曼峰登上运送战马的轮船，与百十匹战马为邻，赶往新加坡会见徐悲鸿。一代大师徐悲鸿对李曼峰语重心长，鼓励他勇猛精进，勿满勿懈，立志成一世界之艺术大师。

半个多世纪前，在新加坡古老的华人聚居地牛车水，一名十四五岁就读于养正学校的学生放学后漫步到中华书局。他在平常流连的绘画图书中，看到两本中式线装的画集，一本是《悲鸿描集》，另一本是《悲鸿绘集》，那是在宣纸上用珂罗版单色印刷的徐悲鸿的作品。《描集》（素描）和《绘集》（油画）的高度写实绘画技巧，深深吸引着这位酷爱美术的少年学生。观读这两本画集的印象，50年后回忆起来，虽然也只是惊鸿一瞥，但已使这位少年半个世纪不忘。

随着岁月的推移，这位当年养正学校的学生——李曼峰，已经攀登上了亚洲甚至世界第一流艺术家的高峰，并以东方风格的油画著称于世。他在16

1941年徐悲鸿与李曼峰、黄孟圭在敬庐学校前合影（照片提供：王劫恪）

岁时，开始了他的油画处女作，到了1939年徐悲鸿再次到新加坡的时候，他已担任过爪哇巴城（今雅加达）《时报》的美术主任，也担任过科洛夫（Kolff&Co）印务公司的首席美术设计师。在1935年8月的荷印美术协会第一届画展中，荷印总督达扬特别以高价订购了画家的油画《彩色湖》，这成了雅加达各报章的一大新闻。那时才20多岁的李曼峰，在艺术上已取得相当的成就。过后，他与友人开办了印度尼西亚第二大广告公司——南岛工艺社，还拍摄了最早期的几部印度尼西亚有声电影。

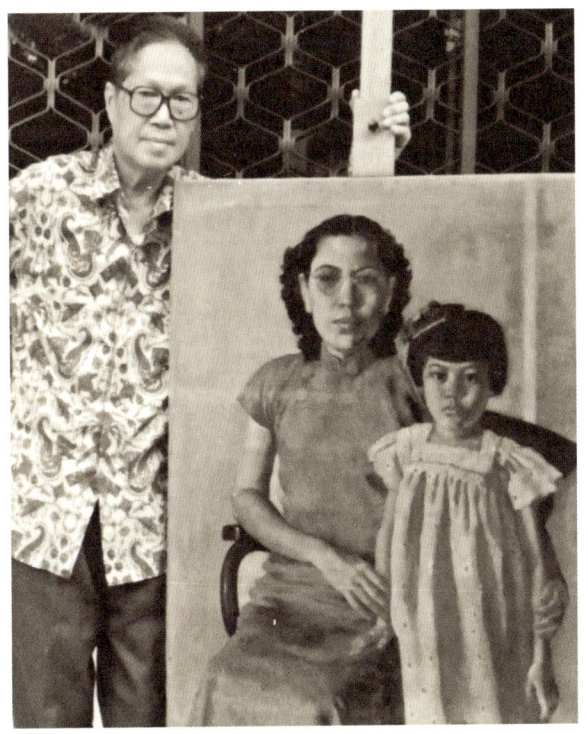

1986年，李曼峰在家中接受访谈，并在徐悲鸿1939年作品前留影

英年大志　书晤神交

  1940年12月，徐悲鸿刚从印度返新加坡。李曼峰的堂叔李天马是位书法家，也是徐悲鸿在新加坡时的朋友，他在家里看到曼峰作品的照片，觉得曼峰还是位20几岁的青年，在艺术上还可以有更大的成就，也应有更好的良师益友，便要把李曼峰介绍给当时号称"一代大师"的徐悲鸿。

  凭着李天马的名片，李曼峰在雅加达写信并把自己作品的照片寄到黄曼士家，希望得到徐悲鸿的指教。令人高兴的是，徐悲鸿不但热情地回信给这位素未谋面的青年画家,而且还寄去自己作品的大幅照片相赠,徐悲鸿对曼峰的作品给予了鼓励并坦白地提出意见。

徐悲鸿自认有识人的才能,一生中也以识才、爱才见称。当代一流的艺术大师:齐白石、傅抱石、吴作人、李可染以及民间艺人"泥人张""面人汤",都得到过他的提携帮助。徐悲鸿也对李曼峰特别欣赏,他们频频通信,交换照片,即使离开新加坡到马来半岛举办抗战筹赈画展,徐悲鸿也一直把行程告诉李曼峰。

1941年5月,李曼峰将他到巴厘岛写生及历年作品在巴城举办第一次个人画展。报章好评如潮。一份杂志刊登了展览中的几幅作品,恰恰被当时在

1941年5月12日徐悲鸿给李曼峰的复信

槟城的徐悲鸿看到，他写信给李曼峰：

> 曼峰先生：大作影片及手书皆览悉，欣慰无极（上月在槟城见一刊物载大作甚多而好）。足下努力之进步实是惊人，弟之所喜：尤在足下知人体研究之重要，裸女数幅，已极工稳。足下又能善用光采，故其自然美妙之处，愈能明显。动物如羊、马、鸭、鸡诸幅，皆有精密之会心。善哉！吾有望矣。大作能集合展览，必能一新荷印人士视觉。足下欲期不佞挽救吾国艺术体面者，大作即可达到，幸甚。弟固极愿一游荷印，藉晤神交已久之曼峰，及其光芒远被之作品。惟知荷印入境最难，又不能携带作品（须课重税），故延迟至今，仍难决定。勇猛精进，勿满勿懈。立志成一世界之大艺师，以绍吾国先民光烈，余望之。此颂
>
> 艺祺
>
> 弟 悲鸿 笔
>
> 五月十二日

徐悲鸿当年在南洋以画马大师著称，绅商名流纷纷以重金向悲鸿索马，但徐悲鸿看到李曼峰寄来的油画《待运》的照片之后，在另一封信中称赞他：

> 中国画马者，不出其右，虽黑白照片而能联想到色彩。

1941年中，像这样往来的信件大约每月一封。

运马舱内的航程

1941年11月，太平洋战争的帷幕已渐拉开，日军已占领了法属印度支那，金兰湾及8个机场已被日军完全控制，并向泰国进发。

战火已快烧到马来半岛，时局越来越紧张。

在新加坡的徐悲鸿应美国援华总会之邀，到美国举办画展也即将起程。李曼峰感到和神交已久的徐悲鸿见一面的机会，可能转瞬即逝。因妹夫和黄曼士是同乡，便托他到江夏堂问询徐悲鸿还有没有时间见一面。徐悲鸿即以电报回复：时间还许可。

虽然此时李曼峰女儿刚刚满月，但战争时局变化之急速已不容多作考虑，他与巴城（雅加达）《南洋画报》的经理杨永辉、王耀西三人立即起行。但到棉兰的荷兰客船已经停航，只有一艘满载战马的轮船，他们也顾不得在印度尼西亚的居留证上办理出入境手续，上船，船就开出了。

杨永辉、王耀西二人推举李曼峰去见船长，但只见到大副。船经廖内的时候，要求大副上岸叫荷印移民厅的人上船来为三人补办了出入境手续。否则，三人以后都回不了印度尼西亚。

就这样，在朝霞中，他们在轮船大舱内与百十匹战马为邻，轮船驶进了新加坡海峡。

语重心长江夏堂

位于赤道附近的新加坡没有秋冬，芽笼35巷的江夏堂的庭院里种满了名花异卉，以及数以百计的稀有胡姬兰花。早晨和煦的阳光，对于徐悲鸿十分适合，因这里每一张宣纸都十分难得，徐悲鸿此时正在把受潮的宣纸拿出来晒晒太阳。

李曼峰步入江夏堂，徐悲鸿并不认识这位短发高瘦的青年，李曼峰自我介绍之后，徐先生用他浓重的江南口音连说："好办，好办，我没有想到你这么年青，我们到里面去坐。"在客厅中，徐先生把李曼峰一年来寄给他的照片放在桌上，他挑选了几张，其中有油画《古老的回教堂》《乐工》《待运》等。徐悲鸿问："这是你自己的好画吗？""是的。""这些画还在吗？"李曼峰回答："和第一流的画家一起展览，价钱很高，卖掉了。"徐悲鸿十分惋惜地说："这些都是你的代表作，为什么要卖掉呢？"

1935年的时候，李曼峰的月薪是60盾。要寄30盾给新加坡的弟、妹，邮费8盾，还要扣10盾作为两年工作合同的"人头税"，剩下的12盾扣去伙食，已所剩无几了。但李曼峰在1941年举办的画展，几乎全部被荷兰人订购，最贵的一张卖到600盾。

28岁的李曼峰，虚心地求教于比他年长18岁的徐悲鸿：自己满意的作品为什么不应卖给他人。徐悲鸿语重心长地说：

你可知道，我们画二三十年，有时几百张画，才能产生一张好画，能卖吗？

价钱好，再好十倍好不好？十倍的价钱还是不值得卖，画十张普通的作品卖好了。

你将来会懊悔的，如果外国邀请你去展览，你拿什么去？拿普通的作品去？

徐悲鸿将自己留法以来的佳作，积存了一千多幅，又向中国国内的知名画家征集作品，在欧洲、印度甚至即将在美洲举办展览，借以向世界介绍中华美术和东方文化。他洞悉李曼峰的艺术潜能和前景。当时，他的这种苦心孤诣，未必是每个人都能理解的。

40多年后的今天，李曼峰先生在武吉知马的寓所中对我们慨叹说："当时到底是他比我年长和阅历深，今天，他的这一番话我要对年青的一辈讲。"

徐悲鸿也非常坦白地讲出曼峰作品的优缺点，他指着《最古老的回教堂》这幅油画作品说："这幅是杰作。"但又指出李曼峰画的鸽子，背景配芦苇虽好看，但不合理，不合动物的生活习性。

徐悲鸿非常鼓励李曼峰及时出版自己的画集，并预先为曼峰写下洋洋千字的序言。序言中称赞李曼峰先生：

> 吾友李曼峰先生，英年大志，才气纵横，自不恋恋于陈旧之馆阁形式。其观察忠诚而作风雄肆，其取材新颖，而抉择有雅趣。所写人物风景多生气蓬勃，充满乐观情绪。盖久居炎方，能体会融融之日光，故其画之容颜辉煌而沉着。所写动物亦有同等精妙，汇揽众美，古人之所难能。李君以英年致之，毅然以造化为师，不惑于旁门左道，不佞故寄其希望于无穷者也。吾昔弟张君汝器亦绩学多才，故辑其画与李君之作，布之于世，以一新国人耳目。而李君年来创获益富，今年尤一鸣惊人，南中具真赏之人，罗致李君之作，唯恐不及，不图今日今世有如此快意之事，固李君艺之动人，抑亦人之积蕴窒息已久，假李君而倾吐之。于以见人类自然之美感，终不因此世俗雾弥漫而遂湮灭，也是世界光明一部之透露，喜不自胜。抑吾更冀李君孜孜不倦，日进无疆，示世人艺事新境。多诗开辟。

徐悲鸿还把存放在江夏堂将赴美展出的中国第一流美术家展览部分作品，先让李曼峰参观。

黄孟圭的敬庐学校开幕，邀徐悲鸿、李曼峰一起出席，并在"敬庐"门口徐悲鸿的题字下合影。

因为与李曼峰同行的朋友吃斋，所以悲鸿还请李曼峰等到斋堂吃素。

短短的十几天，徐悲鸿送了一幅鹰、一幅鹤的水墨画和一副对联给李曼峰，送的另一幅《饮马》则题上：

> 曼峰先生特由巴城造，深感其意，写此报之。

与李曼峰一起来的张姓朋友也获赠一幅马。李曼峰在敬庐学校裱画间看到很多徐悲鸿送人的画，张汝器说，西洋画就无法应付得来，徐悲鸿表示："这不过是举手之劳，既然人家开口要，为什么不送给他呢？"

大难不死　享誉东方

李曼峰这次到新加坡的时间虽然很短，但战争已经迫在眉睫，新加坡的文化人也纷纷开始逃离。李曼峰回到印度尼西亚不久，荷属印度尼西亚也沦陷于日军的手中。

李曼峰先生因参加抗日活动而被捕入狱，负责看守他的日本宪兵，恰恰是东京美专的一名学生。因为得到这位高桥正雄先生的同情和暗中帮助，而大难不死。

李曼峰的艺术经过战争的磨炼，正如徐悲鸿当年所望"英年大志，才气纵横""孜孜不倦，日进无疆"。他与徐悲鸿所处相同的时代和环境，艺术道路虽有不同，但李曼峰先生经过自己的奋斗努力，将西方油画的奇花移植到东方亚洲的土地上，在世界艺坛上独具一格。他的名字与徐悲鸿、齐白石等画家一样，成为亚洲美术界中屈指可数的大师之一。

不知当年太平洋战云密布下，徐悲鸿的一番激励，对于李曼峰日后所取得的艺术成就是否起到了一定的影响作用。

原刊1985年9月30日新加坡《南洋星洲联合晚报》

徐悲鸿写《李曼峰画集序》

1941年太平洋战争一触即发，徐悲鸿在筹备赴美画展的百忙之中，仍十分高兴地为李曼峰题写了长达千字的《李曼峰画集序》。

这也许是徐悲鸿毕生为他人写的最长的画集序言。序言充满激情地抒发了徐悲鸿的艺术观：大力颂扬欧洲近代浪漫主义、现实主义画家，抨击表现派、达达派、未来派、后印象派、野兽派及画商作威作福操纵市场。赞扬李曼峰以造化为师，生气蓬勃，辉煌沉着乐观，反映南洋生活的画风，笔锋又转而痛斥20世纪30年代中国画坛盲目抄袭西方及日本现代诸流派的现象。

多年来对徐悲鸿的艺术观有截然不同的评价，在中国现代美术史的几场论战中，徐悲鸿一方面要与中国的西方现代诸流派的支持者开战，另一方面又要与封建遗老、"四王""八股"的盲目支持者刀来剑往。无论徐悲鸿的艺术主张多么偏激，在中国结束封闭的封建农业社会之后，资本主义还没能发展兴盛时，它战胜了现代诸流派支持者与封建遗老的艺术主张。20世纪30年代曾经是中国表现派、野兽派、印象派的代表画家，在中国社会没有生存条件，纷纷向现实主义与浪漫主义投降，基本是农业社会的社会生产力最终决定了中国现代艺术发展的方向。

徐悲鸿写了《李曼峰画集序》后不足三个月，新加坡与雅加达均沦于日寇之手。李曼峰因抗日被投入狱，出狱时，身体已极度虚弱，全部财产均已荡然无存。

战后，33岁的李曼峰获印荷总督的奖学金赴荷兰深造，回到印度尼西亚后新作不断涌现，同时他忙于组织印华美术家协会及1956年印度尼西亚华侨美工团访华写生。继而进入印度尼西亚总统府，为编辑出版《苏加诺藏画集》奔波于东京、北京、雅加达之间数年,但仍没有出版自己的个人画集。

1984年,李老集300幅历年作品出版《李曼峰画集》,一为自己的艺术人生作一小结,另也为完成徐悲鸿为自己的画集题签题序这一心愿。

徐悲鸿为《李曼峰画集》作序,为他毕生所写最长的序文

面包纸上的序文

杨善深先生讲述：

1940年我由香港乘船往新加坡，抵达后入住广三旅店（现仍在旧址），不久我即与陆丹林先生取得联络，并由其引见郁达夫先生。郁先生当时任《星洲日报》副刊编辑，后来我得悉徐悲鸿亦在星洲，住于黄曼士先生家中。我请郁先生介绍引见，郁先生随即致电曼士家，知会悲鸿先生。其后我由画家陈月秀陪同前往拜会悲鸿先生，这便是我认识悲鸿先生的经过。

我在新加坡，为了筹备个人画展，经常向悲鸿先生请教。先生待人接物和蔼可亲，尤其对我等后辈，更是循循善诱，非常照顾，对我当时尚未成熟的作品时加鼓励，记得有一天在闲谈中悲鸿先生对我说："善深，您的画画得很好，我在您这样的年纪时所画的画亦比不上您的。"我听到悲鸿先生这样褒奖，当时觉得很荣幸，现在回忆起来却为之汗颜，其实我当时的作品并不十分好，只是悲鸿先生鼓励我才有这一番说话。可见先生胸怀，亦可见到先生照顾后辈的苦心。及后我画展的日期快到了，悲鸿先生知我人地生疏，除平日不停为我推荐外，并为我亲笔书写请柬，通知他的朋友。这些请柬都已寄出，只有一张保存下来，成为我与悲鸿先生知遇的纪念品。

画展的前一天，我与悲鸿先生在外茗茶，在回黄曼士家途中，经过一面包店，他想起曼士女儿喜欢吃面包，就买了几个带回去。回到曼士家坐下，我请悲鸿先生为我的画展作序。先生立即答允，随手拿起那包面包的纸张，略为用手扫平，就在上面书写起来。这

徐悲鸿写《赠杨君善深序》及张大千题字

篇序文原稿我送交郁达夫先生在《星洲日报》发表出来。序文刊登后，郁先生派人将序文原稿送回给我，这包面包的纸张，我一直保存至今。上面可见这位前辈大家对后辈的一番心意，十多年后我请张大千先生在序文后题字，大千兄亦深佩服悲鸿先生之为人。

我在星洲的画展尚未完结，而悲鸿先生却要离开星洲。临别前，悲鸿先生在一次聚会中说："离别在即，大家互赠书画以留纪念吧！"我与悲鸿先生合作了几幅画，其中一张我画一只飞鸟，悲鸿先生当即指出飞鸟的尾部应该是要张开的。悲鸿先生随时随地指正后辈，不计较礼节，这跟他平时的率直性格是一致的。徐悲鸿先生当时画了三幅立马，他亲自挑选了他认为最好的一张送给我。这匹马我保存了数十年，每每睹画如见先生，其胸襟典范，令人无法忘怀。

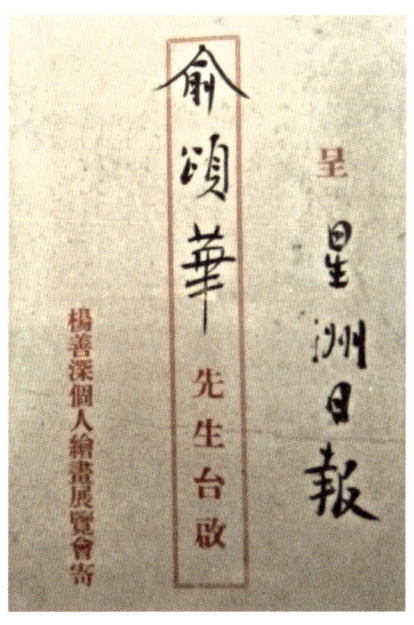

徐悲鸿为杨善深亲笔题写的画展请柬

徐悲鸿《赠杨君善深序》：

中国美术在世界上之贡献以绘画为最重要，十八世纪以前，举全世界之山水画无能与中国比并者。顾欧洲自十九世纪以来，各派并起，精神与形式并重，画境益拓。卅年以降，且有主张废弃寻常形式或废弃正常精神，而一意追寻幻觉于无声无臭者，于是画境太奥，遂至于画之动机都亡。

故无论世事之如何演变，中国绘画上花鸟之造诣自宋至今九百年，尚未见何邦足以颉颃者。其杰出之大师，若徐熙、黄筌、黄居寀、易元吉、滕昌佑、徽宗、赵昌、崔白之伦，其思致高逸，与其博采丽章，真足沾溉百代。东人曩日窃取其品之尤，传移模写，而称雄于其土者，多不胜书。又且转道至欧洲而影响其艺事，如瑞典今日名家李耶福尔斯（Lyefors），其著者也。

杨君善深，粤人，最工写花鸟。溯粤自明林良以降，工花鸟者代不乏人，民国纪元前，前辈有若居巢、居廉两先生，其道至今尤昌，足以副吾国缔造之隆而鸣其盛者，此去不远，杨君其勉之矣。

张大千补题：

读悲鸿赠善深道人此序，知善深之造诣之深，根源所自。今有悲鸿作序又十余年矣，善深之卓然自成家法，又非居氏昆季所能方拟，惜不得与悲鸿共赏之也。

辛卯四月张大千爰

原刊1985年9月30日新加坡《南洋星洲联合晚报》

本文由杨善深先生口述及提供图片，刘伟雄先生整理

1940年，徐悲鸿画马赠杨善深

徐悲鸿与广洽法师的佛缘

徐悲鸿旅居新加坡期间，广交各界人士，他跟高僧广洽私交甚笃，留下了许多佳话，现广洽仍珍藏着徐悲鸿赠给他的墨宝，徐悲鸿还为广洽的恩师弘一法师画过油画肖像。徐悲鸿与弘一法师，一位是中国美术大师，一位是中国佛教高僧（出家前亦是文化名人），两人素未谋面，但徐悲鸿却曾为弘一法师画过一幅油画。画像把弘一的神韵与气质都恰到好处地表现出来，深受佛教界人士的重视，现珍藏于福建泉州开元寺。

徐悲鸿与弘一法师并无交往，怎么会替法师画像呢？龙山寺住持及佛教总会副主席广洽法师说，在新加坡他与徐悲鸿一见如故，第一次见面是在1939年2月19日。当时徐悲鸿正在江夏堂画竹，在场的还有黄曼士等人，徐悲鸿与广洽见面交谈，知道广洽是弘一法师的弟子后非常高兴，对广洽格外热情，当天便送了一幅观音大士的白描给广洽，画上还有一段录自《心经》的文字。下款是：

1939年弘一法师60寿辰，广洽法师在新加坡请徐悲鸿为弘一法师画像

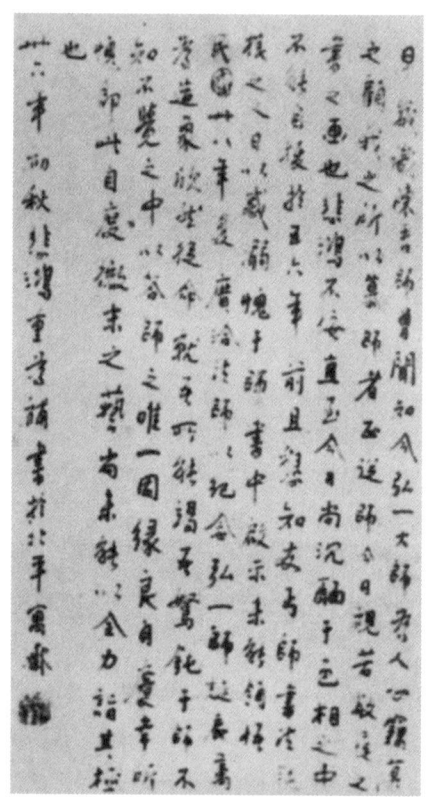

1947年，徐悲鸿补题弘一法师像

己卯二月十九日敬设香花写大士像一区，为广洽法师供养，悲鸿。

上面除盖了徐悲鸿本人的印章外，另加盖了"大慈大悲"与"一尘不染"两方印章。

徐悲鸿知道，弘一法师未出家时，已是中国现代美术、音乐、戏剧界巨匠，他很早就把西洋绘画的技法介绍到中国来，是中国现代美术的开山拓荒者，弘一法师对诗词、文章、篆刻、绘画、音乐等无一不精，是现代中国艺坛的奇才。后来他皈依佛门，全心礼佛，专攻律宗经典，实践躬行近于苦行僧，以其道行之高深成为现代律宗大师，为世所钦敬。

广洽法师南来前在福建南普陀寺修行十多年，一直对弘一法师以师礼事之，弘一法师也非常关心、爱护广洽。中国抗日战争爆发后，广洽南渡到新加坡，1939年初结识徐悲鸿，这年恰为弘一法师六十大寿，广洽便请徐悲鸿为弘一画像，徐一口答应下来。那时，徐悲鸿没有见过弘一，全凭广洽所提供弘一法师的照片作画。

1947年，徐悲鸿任国立北平艺术专科学校校长，补记了他为弘一法师画像的往事，大意为：早岁我认识陈师曾君，听他谈起弘一大师的为人，我私下十分仰慕。为什么仰慕大师呢？正因为我从事的是弘一法师今天视若敝屣的书画，悲鸿我直到今天仍沉湎于色相之中，不能自拔。五六年前从知友处获弘一大师书法，惭愧的是大师书中的启示我未能领悟，1939年夏，广洽法师以纪念弘一法师诞辰嘱我画像，我欣然从事。以答谢弘一师之唯一因缘。

徐悲鸿旅居星洲期间，爱到佛教居士林去与友人酬酢，他尤其喜爱那里的竹子，曾在那里对竹作画，后来他准备赴美之前，曾把所画的竹图赠予广洽法师作纪念，署名"方外弟悲鸿"。

1939年夏，印度圣地尼克坦国际大学的谭云山教授到新加坡，广洽法师与徐悲鸿亲自到码头迎接。随后，居士林林长李俊承在居士林设素筵为谭云山洗尘，广洽、徐悲鸿、郁达夫、黄孟圭等都有出席。

1939年11月18日，徐悲鸿乘轮船赴印度，广洽到码头送行，一起前去送行的还有林庆年、林谋盛、黄曼士、胡少炎、庄惠泉等数十人。徐悲鸿临行之前特捐出两千元，给抗日战士做棉衣。

徐悲鸿在印度住了不久再度来新马，仍与广洽有交往。战后徐悲鸿在中国也一直与广洽保持联络，1947年应广洽之请，徐悲鸿在北京特地请齐白石画《无量寿佛》一画，寄到新加坡赠予广洽，徐悲鸿的赠画，广洽法师视为珍藏。

1941年6月，徐悲鸿为广洽画了扇画一件，所描绘是喜马拉雅山麓美景，扇的另一面题词是：

天游入净土，心清闻妙香。

广洽法师道行高绝，持戒谨严，心深敬之，书此奉教。

徐悲鸿与高僧广洽交情深厚，也是其所结的一段佛缘，无怪其称自己为佛门"方外弟子"。

韩山元文　原刊1985年10月4日新加坡《南洋星洲联合晚报》

第三章

故人情深

赵少昂
与徐悲鸿

1938年秋冬，徐悲鸿赴新加坡前居港两个月。根据与他往来密切的赵少昂的回忆，我们对徐悲鸿1939年1月4日登上赴新加坡邮轮前的生活有了一定的了解。

"岭南画苑"的客厅，挂着"梦萱堂"三个清雅的行书大字，左侧另有几行小字：

> 少昂念母，以颜其居，卅四年初冬悲鸿题。

墙上还有一幅徐悲鸿画的《饮马图》，那是徐悲鸿在新加坡托人带到香港，赠给赵少昂先生的水墨精品，画上题：

> 少昂道兄正之。卅年十月悲鸿。

这一字一画已使这中式客厅气场不凡。在书斋画室中见到岭南画派大家赵少昂先生，赵先生年高82岁，但鹤发童颜，思维比青年人还要敏捷清晰，在旁有他的女弟子何凤莲小姐。少昂先生身后挂着一帧洗练简洁的素描侧面

1938年，徐悲鸿与赵少昂、郑健庐、欧阳慧聪合影（左起）

画像，画上题着：

少昂侧影。悲鸿，丁丑四月广州。

赵先生介绍说：徐悲鸿1937年住在广州中华书局，这张画就是在中华书局画的，只用了40分钟的时间。

谈起与徐悲鸿的交往，赵先生表示先要从孙中山先生出钱给高奇峰办《真相画报》说起，这本由上海审美书馆出版的画报，实为中国近代画刊之先。当年徐悲鸿很穷，从乡下到上海拜访高奇峰先生，想拿几幅画刊登在画报上，但在审美书馆没见到高奇峰先生，只好留下作品与字条。高奇峰先生后来把40元稿费给了徐悲鸿。徐悲鸿成名后，在《良友》画报上写自传时记载此事，以谢高奇峰。1933年徐悲鸿携带一批中国画家的作品在巴黎举办中

国画展,将其中高奇峰的《归帆》一画卖给法国博物院。高奇峰逝世后,徐悲鸿在高奇峰的画集上题词:

> 发扬真艺,领袖画坛。

赵少昂16岁即学画于高奇峰美学馆,1934年到南京举行画展,徐悲鸿特地在鸡鸣寺为他举行欢迎茶会。赵少昂先生说:"可能是奇峰与悲鸿的友情,我又是奇峰的学生,所以悲鸿厚意对我。"

后徐悲鸿到广州,到达的第一晚,便与中华书局经理郑子展、卫生局局长欧阳慧璁去拜会赵少昂,徐悲鸿以前见到少昂的画作不多,这次所见多且好,即介绍中华书局出版《赵少昂画集》。徐悲鸿又约少昂一起去罗浮山,赵少昂慨叹地回忆:广东有句谚语"有约不到罗浮",意即约会总不能实现,此约果然一再推延,最后徐悲鸿只好另约郑子展一起去了罗浮山。此时少昂曾赠徐悲鸿《柳蝉》《蕉花》等画作,《蕉花》一画后转赠新加坡的黄曼士。画上赵少昂曾题:

> 旧作蕉花一帧,悲鸿先生过爱,嘱为重写。

徐悲鸿曾称自己有"画中九友":高剑父、高奇峰、黄君璧、陈树人、齐白石、黄宾虹、张书旂以及赵少昂和徐悲鸿自己。又为"画中九友"每人各咏诗一首,赠给赵少昂的一首是:

> 画派南天有继人,赵君花鸟实传神。
> 秋风塞上老骑客,烂漫春光艳羡深。

1938年秋冬,徐悲鸿赴新加坡,从西江漂流至香港,住在跑马地山村道中华书局经理郑健庐家中。

徐悲鸿因等候护照而滞留在香港的两个多月中,赵少昂成为与他交往最密的好友,两人曾饶有兴味地共画了20幅合作画。赵少昂先生回忆说:"因

徐悲鸿与赵少昂合作《红叶》

他比我年长,多数是我先画,悲鸿完成,然后大家各分十幅存念。"赵少昂又带我们到他的卧室,卧室壁上的挂画,除一幅徐悲鸿的《猫》外,另一幅则是这20幅合作画之一,画上记着:

廿七年冬至,少昂写鸟,悲鸿足成并题。

而留在徐悲鸿处的则有《秋声》,题:

戊寅晚秋少昂写蝉,悲鸿为足成。

另一幅是《红叶》,题:

廿八年元旦试笔,香港山村道中,悲鸿。

赵少昂题:

少昂缀小虫其上。

当时赵少昂在香港正办理到美国的手续,徐悲鸿便写一信及送一画给中国驻美大使胡适,请他在美国帮助少昂,该信中介绍:"赵少昂花鸟为中国第一人,当世罕出其右。"可见徐悲鸿对赵少昂之推许。赵少昂亦赠一幅居廉的扇面给徐悲鸿,1939年5月徐悲鸿在新加坡特将此扇面转赠黄曼士。

1939年1月4日傍晚,徐悲鸿离香港赴新加坡,赵少昂、郑子展等到香港中环码头为悲鸿送行。当时天已入黑,徐悲鸿登上接驳船到荷兰邮船万福士(Van Heufze)号小轮,与少昂等挥手,一别数载。

1941年10月徐悲鸿在新加坡托人带《饮马图》赠赵少昂,1941年12月太平洋战争爆发后,新加坡、中国香港相继沦陷。1942年1月徐悲鸿匆匆逃离新加坡回到中国,赵少昂也冒险搭渔船逃出香港至澳门再入中国内地,徐悲鸿得悉赵少昂脱离险境,即写信邀他到中央大学任花鸟画专任教授。

赵少昂应徐悲鸿与陈之佛为校长的国立艺术专门学校之聘赴重庆,由广州湾入桂,并在各地举行画展。徐悲鸿又特为赵少昂的画展撰文:

番禺赵少昂先生。早岁曾游艺坛名宿高奇峰之门，天才豪迈，有出蓝之誉。十年前即蜚声于海内外，当时故主席林公及德大使陶德曼俱精鉴赏，咸购先生之作，推崇备至。事母至孝，故恒居南中，迨港沦陷，先生独不屈。间关入国，至韶、至湘、至桂、至黔，借旅行间宣扬艺事，其卓绝之艺，敦厚之性，所至并为人坚留不令行，其画可爱，其品可慕也。

在重庆期间，赵少昂住在荫屋马公馆，与傅抱石、黄君璧、王商一、沈慧莲等常周末饮酒相聚。抗战结束后，少昂要离重庆回广东。徐悲鸿夫妇特搬到马公馆一星期，陪赵少昂畅叙。

"故人情深"，赵少昂大师追忆故友，言简意赅，侃侃而谈，毫无倦意，临别又赠我台湾历史博物馆出版之《赵少昂画集》并提笔赠言，何凤莲小姐则嘱为文记录两位在东方画坛上有重大影响的大画家的友谊。

原刊1986年8月25日新加坡《南洋星洲联合晚报》

悲鸿槟城逸事

徐悲鸿为支援中国抗战筹款，战前在新加坡、马来亚举行多次盛大画展。1941年1月至8月，他穿州过府，风尘仆仆，奔走于马来亚槟城、吉隆坡、怡保各大城市，举行画展，义卖作品，广识各方名士贤达。这期间，他的创作力非常旺盛，他一生中许多优秀作品都是在这时期完成的。

南国翰墨

徐悲鸿在南洋期间，除新加坡外，住得最久的地方就是马来亚槟城。笔者不久前到槟城，有幸在槟城艺术协会副主席林思曼先生（太平局绅）引导下，见到与徐悲鸿有过交往，现已75岁的庄家训先生。40多前年，庄先生是槟城著名的南国旅社的一名财务，徐悲鸿在槟城最常住的地方就是这间旅社。庄先生说，南国旅社战前是一流旅店，拥有十几间房间，每间都是相当

徐悲鸿在槟城常住的地方——南国旅社

宽敞，除电灯外，还有电风扇。旅社被收拾得整齐干净，加上地点适中，所以宾客如云。

庄先生提到了徐悲鸿在槟城时的挚友骆清泉，骆先生（1966年逝世）的妹妹嫁给了庄家训。骆清泉是南国旅社的经理，南国的老板是骆的堂叔骆文超。

徐悲鸿初到南国旅社的情形，虽然已事隔40多年，但庄老先生仍记忆犹新：大概是1941年的一天下午，有个穿西装的中年人来到南国旅社，这个客人个子不高，脸颊瘦削，但双眼很有神采，庄先生没有特别注意他，因在旅店工作所见各种各样的人太多了。那时，庄先生坐在一张桌子旁用毛笔练字。这位清瘦的中年人走过来，站在一旁看得很仔细，而且很感兴趣，并用国语跟庄先生攀谈。庄先生是福建人，大体上听得懂这位客人的话，交谈之下才知道自己身旁的这位就是饮誉世界的大画家徐悲鸿。

旅店的小书记居然那么好学,利用闲暇时间勤练书法,徐悲鸿显然受到了感动。庄家训说,那时徐先生兴致勃勃,向他借了那支毛笔,随手拿一张红纸,在上面题了首诗。那是杜甫的《咏怀古迹》第二首:

摇落深知宋玉悲,风流儒雅亦吾师。

怅望千秋一洒泪,萧条异代不同时。

江山故宅空文藻,云雨荒台岂梦思。

最是楚宫俱泯灭,舟人指点到今疑。

徐悲鸿又题:试友人斋中佳笔即奉,辛巳七月。

以后,徐悲鸿就一直住在南国旅社8号房间,虽偶尔也会到槟城别处小住,但南国旅社始终是他在槟城的"基地"。庄先生说:"徐悲鸿为人豪爽,没有大画家架子,待人随和。我虽然只是旅店的小职员,但徐悲鸿没有轻视之意。住在南国旅社期间,徐悲鸿每天很早起身,洗脸刷牙后,就开始作画。画完了,见砚里还有一些剩墨,就用它来练字,有些字只是信手写写,写后就把纸丢了。有几回,我看他把写好字的纸丢掉,觉得可惜,便捡起来收藏。还有几次,他作大幅画时,我还替他拉纸呢。"

"徐悲鸿爱吃槟城的红豆沙,我常见他在路边买红豆沙来吃,津津有味,一碗不够,还来多一碗。"庄家训兴致勃勃地说:"他也爱火锅,那时槟城的一顿火锅两块钱。徐悲鸿常拉骆清泉去外面吃火锅,我也陪伴去,每次都是徐和骆两人争着付钱,但骆清泉老是拗不过徐悲鸿,徐先生每次总说他刚卖了一幅画,得到几百元,当然要由他请客。"

士为知己

有些大画家知道自己的作品"名画有价",不轻易送人,庄家训说:"这方面徐先生倒是相当慷慨的,尤其是对文化界爱好美术的青年,他十分关心、爱护,常常有字画送给他们。"

"那么,您和骆清泉先生也一定得到徐悲鸿所送的字画吧!"笔者问。

"是啊,徐先生和我的妻舅骆清泉的友情很深,但是骆为人忠厚正直,他没有利用机会拼命去讨字画,有些画徐悲鸿要送给他,反而不肯接受。他对徐先生说,这些画画得那么好,应该留下来展览用。如果有人买了也不错呀,因为那些钱是用来帮助中国抗战和救济难民的。骆清泉深明大义,使徐悲鸿很感动,徐先生十分敬重骆清泉。"

庄家训本人获得徐悲鸿的赠画有六幅,几年前他到中国,把这些画带去,就没有再带回来了。但是徐悲鸿的印章拓本,他倒是留在身边,封面的

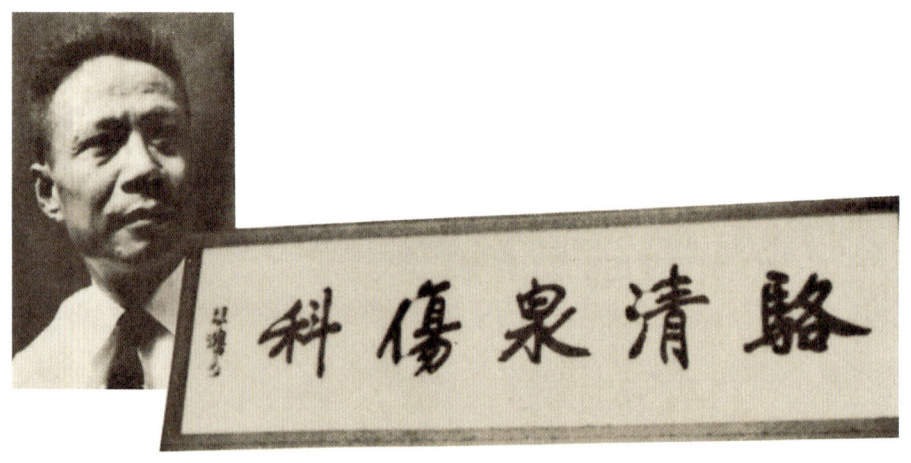

徐悲鸿为槟城中医师骆清泉的诊所题匾

"悲鸿印存"是徐先生亲笔题的。

庄家训还讲了一则感人的往事：1941年12月8日，太平洋战争爆发后，日军大举南进。准备攻占槟城，日本战机空袭槟城市区，南国旅社后面落下一颗炸弹，引起大火，眼看要烧到南国旅社了。骆清泉见势不妙，赶紧吩咐庄家训跟他一起去一个房间搬东西。搬什么东西呢？徐悲鸿留的一批字画！

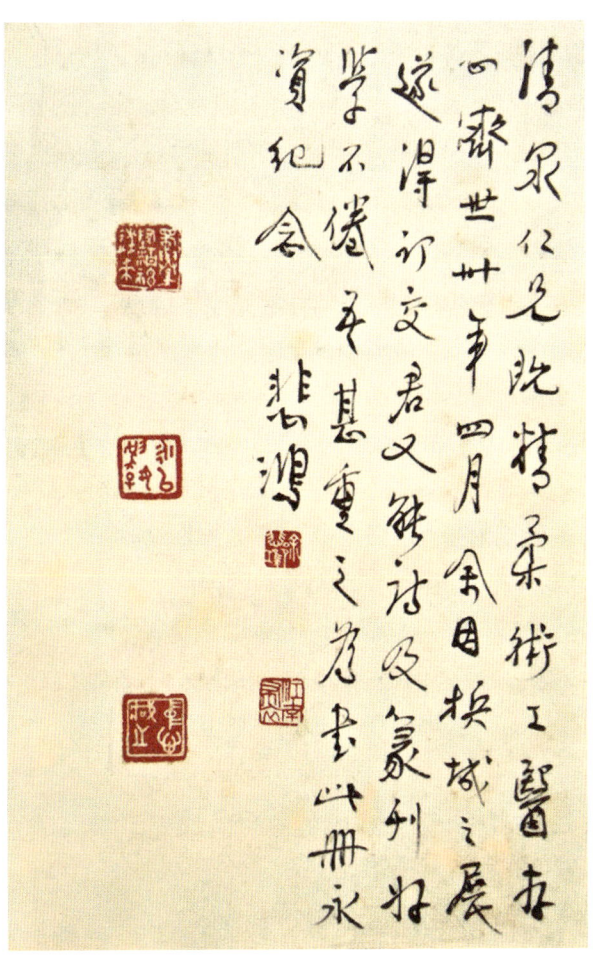

徐悲鸿赠给骆清泉的书画册页

1941年,徐悲鸿与骆清泉(左1)、管震民(右1)合影

骆清泉和庄家训撇下私人财物不顾,最关心的竟是徐悲鸿的字画!骆与庄二人抱着字画奔下楼,又跑到远处躲避空袭。这件事可见骆清泉对朋友的忠诚,士为知己者死,徐悲鸿也把骆清泉视为莫逆之交。

徐悲鸿寓居槟城期间,除了忙于作画与开画展外,还与当地文化界,特别是美术界人士广泛接触,向青年画家传授作画经验。槟城艺术协会就是在徐悲鸿的倡议下成立的,现在该会仍在使用的会名题字,正是徐悲鸿当年所书。

徐悲鸿于槟城所作《奔马》，题：第二次长沙会战，忧心如焚，或者仍有前次之结果也，企予望之

赢得槟城少女芳心

徐悲鸿在槟城期间，一位17岁的槟城少女闯进他的世界。太平洋战争的炮火，轰毁了这段感情，留下的只是无限的感慨。

徐悲鸿来新马时，与蒋碧微的感情已经破裂。婚姻失败，不免有几许失落之感。虽说那时他的心灵有很强的寄托——为支援中国抗战而开画展筹款——但人的感情是复杂的，心里除炽热的爱国之情外，还可以容纳男女之间的恋情。关心和爱护他的朋友，也觉得应该有个人做他的伴侣，照顾他的日常生活。

几位当年与徐悲鸿交往甚密的前辈说，徐悲鸿也有自己的考虑，他当时接到美国援华总会的邀请，要到美国举行画展，将卖画所得捐助中国人民抗战及赈济难民。徐悲鸿通晓法语，却不会讲英语，在美国有语言上的难题。因此，他十分需要一位通晓英语的人随行，充当他的私人秘书及翻译。

后来，有一位芳龄十七的槟城少女经友人介绍给徐悲鸿，她自幼受英文教育。由于家庭成员受华文教育，也通晓华文，会讲华语，还会讲新马通行的中国方言闽南话。

认识了这位槟城小姐后，徐悲鸿曾在她的陪伴下到过许多地方，两人感情与日俱增，已到谈婚论嫁的地步。

几位受访者还说徐悲鸿有意娶这位槟城少女，然后在槟城安家落户。但后来战争爆发，全部计划打乱。当时，也有人劝过徐悲鸿，说两人年纪相距很大，结成夫妻是否妥当，应该慎重考虑一下。那算是徐悲鸿在槟城留下的"一段情"吧。

这位曾经与徐悲鸿有过一段情的少女，后来嫁作商人妇，还一直住在槟城，现已是"祖母级"的老妇了。回首前尘梦一番，再也不愿跟人家提起这段"曲未终而人散"的旧情。

这段韵事还有后话，1959年5月蒋碧微从中国台湾到马来亚槟城与新加坡，在黄曼士家中住了十余天。据她回忆，当时黄曼士的太太曾经告诉她，徐悲鸿在槟城结识一位华侨小姐,徐先生和她订过婚,而且带到黄家,曼士夫妇都见过,那女孩子既平凡又不漂亮,所以黄太太力劝徐先生打消原定计划。蒋女士所言是否确实,现在恐怕很难印证了。

韩山元文　原刊1985年10月6日新加坡《南洋星洲联合晚报》

作者注:

1985年10月6日韩山元兄的《悲鸿槟城逸事》发表后。陈根基先生1988年6月5日在《联合早报》也发文《大马桂冠诗人穿针引线徐悲鸿槟城结姻缘》,记录80多岁的马来西亚诗人、教育家孙少卿的回忆:

1941年徐悲鸿住在槟城南国旅社的时候,常爱吟诵王维的诗句:

红豆生南国,春来发几枝。

愿君多采撷,此物最相思。

孙少卿了解徐悲鸿当时婚姻感情破裂的心情,在堂嫂帮助下,安排了悲鸿与一位邓小姐相亲,见面时有孙少卿夫妇与邓小姐和她的母亲。

双方同意并很快在槟城极乐寺以佛教仪式订婚,钟灵中学的文史教师管震民任证婚人,并主持订婚仪式。极乐寺住持志昆老和尚主持礼佛,为一对新人祝福,用的是素筵。参加仪式的有孙少卿、骆清泉和邓小姐父母,黄孟圭也从新加坡赶来。徐悲鸿以一枚价值不菲的钻石戒指作为信物。准备在赴美画展后回槟城与邓小姐完婚。

徐悲鸿与邓小姐曾一起赴新加坡见过黄孟圭与黄曼士,徐悲鸿在槟城也曾在一天内画了三幅马,酬谢孙少卿、骆清泉与郑今村校长,又赠孙少卿两副对联:

小艇适孤往,大名多傥来。

往事千古,吞吐大荒。

但太平洋战争爆发后，徐悲鸿回到中国。天各一方，他在桂林写信给骆清泉表示已不能回槟城，因此决定解除婚约。

邓小姐的父亲邓老伯则在沦陷时期，冒着生命危险将徐悲鸿的画箱藏于家中天花板上，仍希望徐悲鸿能回到槟城。

徐君濂
星洲杂忆

本文作者徐君濂先生曾任新加坡华人美术研究会主席及《星洲日报》《星光画报》美术编辑,他提供了许多珍贵图片,他十分珍惜与徐悲鸿交往的一切回忆。

各记兴亡家国恨

1939年农历新年,郁达夫先生和我驱车到江夏堂贺年,黄氏昆仲陪我们谈天,不见徐悲鸿。黄孟圭先生轻声说:大师偶患乡思家思,昨晚团年,席上很少动箸,大年初一清早就起身作画,大家上楼去拜年吧。宾主轻轻上楼,只见徐悲鸿紫毫在手,画案上一幅疏梅,水墨未干。贺年毕,徐悲鸿放下画笔,请大家看画。郁达夫先生是江夏堂的常客,跟孟圭先生又是诗友,平日不拘常礼,谈吐风趣,跟徐悲鸿很谈得来。他细细欣赏那幅疏落有神的

1941年2月,徐悲鸿画《双喜鹊》贺徐君濂新婚佳期

徐君濂（右一）和郁达夫（左二）战前共事于《星洲日报》。1939年农历新年一同至江夏堂给徐悲鸿拜年

《冷香图》，微微一笑，便提笔题七绝一首：

花中巢许耐寒枝，香满罗浮小雪时。

各记兴亡家国恨，悲鸿作画我题诗。

徐悲鸿舒眉拱手：好诗好诗。黄孟圭连声称赞"各记兴亡家国恨"为妙句，并邀大家下楼干一杯。此画此诗，此时各有感触。当时日军侵华，家仇国恨，郁达夫先生与王映霞存在的婚姻裂痕尚深，徐悲鸿与蒋碧微女士之间的爱情裂缝亦无法弥合。当年年青的徐蒋两人海誓山盟，勇敢地冲破封建礼教，远渡重洋。蒋父演了一出空棺葬女（蒋碧微原已许配人家）的假戏，成全了掌上明珠的心愿,孰料结局却成了悲剧。达夫先生夫子自道,隽语慰人,用心实亦良苦。

空白画轴之谜

20世纪30年代的新加坡还没有裱画店,人们得到徐悲鸿大师的画,还得托人到香港或上海去装裱,大家深感不方便,曾有人计划从中国聘请裱画师傅南来开设裱画店,终因困难重重而作罢,徐悲鸿为这件事很伤脑筋。

1940年春,笔者因事回上海,大师修函命我去见新华艺术大学教务主任汪亚尘,托他装裱一批空白画轴。我把裱画困难的情况转告汪先生,他满口允诺,立即找了几位裱画师傅,日夜赶工,裱了一百多件空白画轴,分装两大木箱,准备由我带到新加坡。当时上海已沦陷,日军虽不敢公然骚扰租界,但汉奸浪人暗中滋事已司空见惯。这两个大木箱外观非常起眼,检查起来势必引起麻烦。中国画一般都是以画装裱,为什么空白装轴,实在难以解释明白。如果暴露了空白画轴的真实用途,那一定被扣,将影响我的归期,故此一筹莫展。亏得永安堂经理胡桂庚先生,吩咐店里一个经常跟码头海关打交道的伙计花钱打通关节,直接送上船才顺利过了关。

以空白画轴作画,难度很大。落笔之先,对章法、虚实、景物须胸有成竹,否则出废品。徐悲鸿大师运用自如,浓彩中锋,力透纸背,偶有轻微水迹,内行人才能发现空白画轴的秘密。

徐悲鸿送给徐君濂的《奔马》册页及书法题识

谆谆教诲艺术青年

徐悲鸿大师谦和风趣，平易近人，痛恶无谓酬酢，但对年青的艺术爱好者则爱护备至。新加坡华人美术研究会曾两次请他演讲，大师直言不讳，指点迷津。他针对青年人治学不严的通病，批评一班侈言天才，而欲在艺术上找捷径的懒人。他指出：天才不能离开勤奋，空喊天才而没有锲而不舍的毅力，必然一事无成。当时美术研究会会员多数画西洋画，大师强调扎实基本功的重要性，主张一幅素描最好反复画三四次，还要默画一次，使物象的轮廓光暗深印在脑海里。实物写生不应看一眼画一笔摹描，要把自己心领神会的东西融汇于画面上。大师服膺他的老师法国名画家达仰的名言："艺术不可屈从别人，须有自己的见地。"

他对美术研究会会长张汝器、青年画家李曼峰特别器重，曾计划把他们的作品介绍到中国。1941年秋末冬初，翩翩年少、初露头角的李曼峰，从巴城（雅加达）回新加坡，大师鼓励这位刻苦自学的青年不断努力探索，闯出自己的艺术道路，并印成画册，以记录艺术征途上的成绩。那时，大师正忙于筹备赴美国举行画展，募款支持抗战，在百忙中为曼峰画集作序，那篇洋洋千言的序文，直至40余年后《李曼峰画集》出版，才与世人见面。

张汝器先生擅长西洋画，家道清贫，留法三载，连回来的船费也无法筹措。幸有在法国船上当伙夫的同乡带他混到船上打杂，才回到新加坡。他曾与妹夫庄有钊创办朋特画室。徐悲鸿画油画时，制画框、钉画布、购买油彩材料以及画展会场的陈列布置等工作，全由他们帮忙解决。

徐君濂文　原刊1985年9月23日新加坡《南洋星洲联合晚报》

马骏回首悲鸿事

徐悲鸿论漫画

我在上海出生，15岁就在一家日本工厂当学徒。工厂里每天都有报纸从日本寄来，我可以每天看到废弃的隔夜日本报纸，里面内容很多是漫画，有文字的当时我看不懂，没有文字的漫画却一看就懂，当时就照这些漫画临着画。后来叶浅予先生的漫画《王先生》在《时报》彩色版连载，那时我每期必读，也临他的画，后来便自己编、自己画。但要买一支自来水钢笔，在当时是不容易的，我多用钢笔和毛笔画，因为自小就要练毛笔字。

1936年20岁那年，我参加了银月歌舞团，在中国巡回演出十个月，1937年到南洋，先在泰国各地跑了一年，再到马来西亚，1938年才到新加坡。1939年我离开歌舞团到了丁加奴州甘马挽华校教课，曾画了不少漫画投寄《星洲日报》。后来我带了很多这些漫画稿到芽笼路江夏堂请教徐悲鸿，我那时的画还需要用铅笔起稿。徐悲鸿对我说：

> 第一，你用铅笔起镐，用钢笔画线条，无论如何你的线条也画不粗，不可能有毛笔的效果。第二，你不需要用铅笔起稿，要自己练得很纯熟，如果你用毛笔先上颜色，然后再用毛笔勾线，就是一幅漫画，如果画在宣纸上，就是一幅中国风格的彩色漫画，而且你要画多大张都可以。

后来我练习得可以不必用铅笔起稿画了，如果是比较复杂的人物，至多会先画张草稿放在旁边参考。徐悲鸿又叫我当场画给他看，我用钢笔，手腕则贴在桌子上画。徐悲鸿说：

> 你的手贴在桌子上，画的圆圈不过是茶杯、碗那么大。你的手如果抬高一点，就可以画得像大碗、大碟子那么大，再提高一点，可以画到脸盆那么大。

徐悲鸿其实是教我悬腕用笔。后来我画大画，写图案字，不管多大都能运用自如了。

1964年冬，我到上海拜访漫画家丰子恺先生。中午丰子恺先生睡午觉，他的女儿丰一吟看着我画画，后来她对丰子恺老师讲："爸爸，马先生先上颜色，后勾轮廓。"丰老师看画后十分称赞："就照这个作风继续下去，无须再变。"其实，这一作风是40多年前徐悲鸿所教导的。

（此节由马骏先生口述，欧阳兴义记录整理）

艺术家看《艺术家》

　　1941年，临时凑成的一班歌舞团抵达马来西亚槟城新世界表演，男女演员有七八人，魔术家和音乐演员共20余人，此外便是杂技艺术家张瑞亭夫妇。我们一群青年人和徐悲鸿先生过往颇密，那天演出熊佛西的独幕剧《艺术家》，所以特地到南国旅馆请悲鸿先生前来参观。那晚，歌舞节目已开演，悲鸿先生及骆清泉、周国钧、刘士木临场入座。《艺术家》该剧演员是由马骏饰林可梅（画家），大凤饰其妻，伯元饰其弟林可松（小学教员），杨泮饰贾老板（古玩商），全剧共四个演员。

　　熊佛西的《艺术家》这短短的40分钟独幕喜剧，把第一流名画家一生的贫穷苦难演得细致入微。由开场至闭幕，处处充满了讽刺与幽默。《艺术家》一剧把中国所有画家都幽默挖苦了，这位"第一流名画家"徐悲鸿首当其冲。

　　剧本中，林可梅的太太要钱买米、油、盐……丈夫只知道"买去啊！"至于钱从哪里来？他从未想过，所以他对妻子说："我已经有两张画拿给弟弟去卖了，我想大概可以有五千块钱收入，如果真能卖五千块钱的话，家里油盐柴米都有了，就是你平常所想的金刚钻戒指啊，高跟鞋啊，旗袍料啊……都有了。"这何曾不是徐悲鸿与蒋碧微在法国时的遭遇。

　　林太太怒骂丈夫："你不怕穷吗？你不怕饿吗？"而他的回答是："怕穷不画画，怕饿也不画画。"

　　林可松对哥哥说："中国的绘画，到了你的手里，真是一个大转机，你真是第一流的大画家。不过在你死之前，五千块的一张画，只能值得五毛钱，只要你一死，五毛钱的马上值到五千。哥哥！我看你马上死吧！"所谓

"死后成名",正是画商的诡计。徐悲鸿在台下听到这一段台词,放声哈哈大笑起来。

林太太要他装死,乘机卖去全部作品,然后再活。可是林可梅说:"画家是有人格的,绝对不能骗人!"林可松回答:"你不欺骗这个社会,那么这社会就要欺骗你!"徐悲鸿听了这话,直皱眉头。

林可梅被强逼"死"后,古董店贾老板被请到林家,他致哀时说:"先生是中国第一流名画家,急病身亡。实在是中国艺术界一大损失!"林太太要求全部作品卖十万块钱时,他即收起笑容,只出五万。结果一百多张画,八万五千元成交。

当贾老板发现受骗要求赔偿损失说:"既未死,画便一分钱也不值,现在赶快还钱,或者赶快死,要不然就打官司!"这时候林太太与弟弟穿得花枝招展地回来了,全剧高潮便是林可松写给贾老板的一张收据:"立卖字人林可松,今将'其'兄可梅所有作品售与立兴古玩铺……"所谓"其"兄,并非"亡兄"。林可松说:"将画卖钱是真的,什么欺骗不欺骗。"贾老板愿再付3万元,要林可梅再"死"一年。在此一年之中,他赶快把画卖完,只要捞回本钱。以后林可梅之死与不死,与他无关,全剧到此告终。

徐悲鸿吃夜宵的时候说:"熊佛西在大学任教时,与我同事,他曾对我说要写一画家的剧本,后来听说许多学校演《艺术家》,但我从未看过该剧演出。今晚看你们演了这戏,原来熊佛西太挖苦画家了,你们特地请我,不是恶作剧吗?"我们都哈哈大笑。

1941年,徐悲鸿书赠马骏

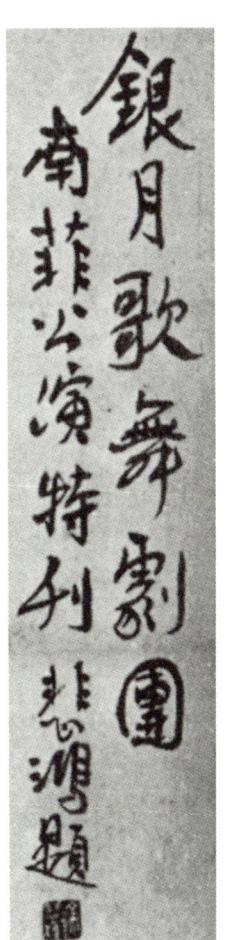

1941年,徐悲鸿为《银月歌舞剧团特刊》题字

紫色水晶石

1941年11月8日，内人吴莺生下长女小莺。一个月后，正是孩子满月，我告诉徐悲鸿，他向我道喜说："孩子满月那天，我要探望你夫人。"

一个月后，12月8日凌晨，日本偷袭新加坡。这一天，也正是小莺满月。首先传来的消息是停止娱乐，灯火管制。我夫妇积蓄无多，而战争刚开始，谁知道要打多久？

江夏堂中也人心惶惶，不过人人对英国强大的舰队和新加坡军港的保卫颇有信心。那天下午徐悲鸿先生与我出门，他要到我家，我说："不必去吧，我家所谓的'家'仅是像上海亭子间那样小，一张床、一张小桌、一张椅子，见不得人的。"他说："这怕什么？如果今天你用汽车来接我，我不一定会去。"他如此坚决，我们便搭车到了实龙岗路。

这位艺术大师光临我家，两人中间一站，已经转不过身来，招待他坐下后，他向内人道贺问安，并看了襁褓中的女婴。他从袋中掏出一方石章说："这方紫色水晶石，上中下分三种深浅颜色，甚是难得，水晶只能凿不能雕，送给小千金，将来可凿个名字。"徐悲鸿先生坐了大概半小时，再由我送他回芽笼路江夏堂。

每见这方紫色水晶石，便令我想起馈赠名贵的印石的徐悲鸿先生。

书信是墨宝

1945年9月12日，新加坡光复。一切都在恢复，邮政交通一时应付不了堆积如山的邮件。三年多黑暗恐怖的天日已去，人人欲向亲友互报平安，陈诉吉凶,我曾多次写信给徐悲鸿先生。

1946年,新加坡有位殷先生欲往上海、南京等地。我特地托殷前往拜会徐先生,同时也去信南京求画,信中告知他有关同事张瑞亭先生的不幸遭遇。接徐先生回信这样说:

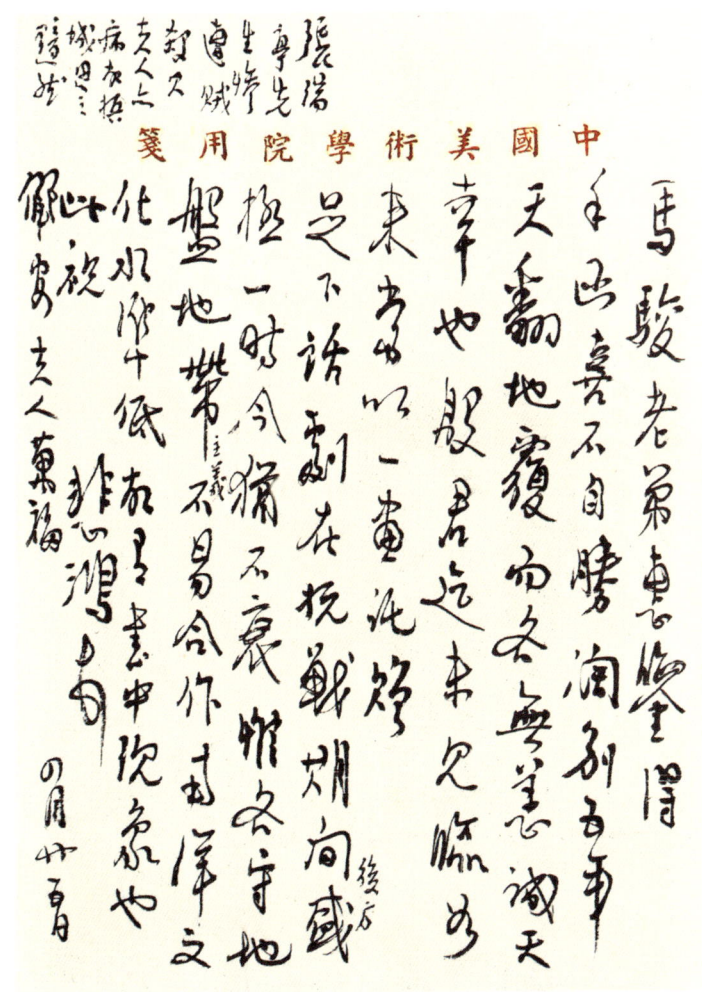

1946年4月25日复信马骏:天翻地覆而各无恙,诚天幸也

马骏老弟惠鉴,得手函喜不自胜,阔别五年,天翻地覆而各无恙,诚天幸也。殷君迄未见临,如来,当以一画托赠足下。话剧在抗战期间后方盛极一时,今犹不衰,惟各守地盘地带主义,不易合作。南洋文化水准低,故有书中现象也。

此祝俪安,夫人万福。

悲鸿 四月廿五日

信的上角又写:

张瑞亭先生惨遭贼杀,其夫人亦病故槟城。思之黯然。

每次寄信给徐悲鸿先生,必有回信。唯因搬家两次,失物不少,年前寻

徐悲鸿离别槟城时所作雄狮图

出仅存两封,将之裱为手卷,视为墨宝。虽是普通书信,却是我家至宝。

遗失三件珍品

见1981年11月1日,《南洋商报》星期刊载相片,下面说明:1941年徐悲鸿南来槟城时,与王再造与马骏及两位友人合影。

记得当时所拍多张,我都遗失无存。40年后,王再造此相片使我回忆故旧,不胜黯然。图中五人,前排是王再造、徐悲鸿、马骏,后排是杂技艺术家张瑞亭。张瑞亭认识徐悲鸿是经我所引见,同时也结识了槟城骆清泉,是位跌打医师。张在舞台演出,难免有时扭伤,他请徐先生写"精气神"三个

1941年徐悲鸿与马骏(左1)、张瑞亭(右2)、王再造(右1)在槟城合影

大字。

徐悲鸿为他写"精气神"之后,又约张瑞亭到南国旅馆。次晨,瑞亭和我再到徐悲鸿的寓所,张坐窗前,徐先生为瑞亭写生。约一小时,一幅生动的人像就画成了。数月后,徐悲鸿欲离新加坡时,曾在江夏堂写四幅墨竹,他说:"马骏多次出力为我搬迁,选一幅留念,瑞亭先生也赠一幅,其余两幅二哥(曼老)留存。"

1942年2月中,在日军占领新加坡后的"大检证"屠杀中,张瑞亭在樟宜海边一去不返,他的书法、素描、中国画等三件珍品也不知下落。

原刊1985年10月5日新加坡《南洋星洲联合晚报》

故人情深

20世纪以来的南洋地区知名的华人艺术家李曼峰先生，1988年4月3日在印度尼西亚雅加达与世长辞了。

李曼峰先生其父曾与孙中山先生交往。李曼峰原名李绍昌，一生甚富传奇性，1913年11月14日出生于中国广州，随即赴新加坡，少年自学成才，20世纪30年代赴印度尼西亚发展。他的油画《火葬行列》《庙会》《河上浣衣》《乐工》《织女》等作品，均是描写南洋地区人民生活风貌的优秀美术作品。先生于日军占领时期曾死里逃生，1947年受荷兰驻印度尼西亚总督的推荐往荷兰深造，继而创造出富有影响力的"南洋风格"的艺术作品。李先生是印度尼西亚第一任总统苏加诺的艺术密友，曾担任印度尼西亚总统府美术顾问、画家及藏画主管。李先生也是南洋地区最早的黑白电影艺术的先驱者之一。

李曼峰先生曾无限感慨地说："中国是我的出生地，新加坡是我的第一故乡，我的童年和一生中大部分时间是在这里度过的。印度尼西亚是我第二故乡，在那里我获得一生中最大的荣誉和成就。无论如何我都希望这三个国家友好和强盛。"

1984年，李曼峰在家附近散步，突然晕倒在街头。被送到医院检查后才知已患肾功能衰竭。从那时起，他也知道自己由于年迈而不可能有治愈的一天，只能靠透析来维持剩余的生命。

1986年6月，李曼峰先生反复考虑后决定：把自己收藏多年价值不菲的一幅徐悲鸿油画《母女图》，赠送中国美术家协会及徐悲鸿纪念馆。他形容自己此举有如将挚友的子女送返故乡家中，使这幅作品能公开展出，而不落在私人手中。他在病中连夜写成的一页信中，说明了送赠《母女图》的历史因由：

> 徐大师于1940年岁暮开始与我联络，书信往返每月一次，获益良多，终于1941年11月战云密布，赶赴星洲，一晤多年景仰之大师。徐老系我一生最大恩师，他的遗教影响至大与深远，吾所得之教益受惠一生，没齿不忘。《母女图》就归还大师之纪念馆，当感欣慰。图中人即已故之张汝器夫人及女儿。它于1939年9月作于新加坡。张汝器原籍广东潮州，三十年代在星马红极一时，允称首席画家，彼为人和善，与我甚笃，悲鸿大师在星洲时，与之过从甚密，给徐老无微不至的襄助，允称挚友，但于1942年日军在星"检证"时，张老不幸被杀，至感痛惜。

这幅完成已有半个世纪的油画送达北京前，李先生虽已步履艰难，但仍亲往美术用品公司选购最好的光油，自己动手上光。修复后，油画色泽如新。

1986年6月26日,李先生委托欧阳兴义将油画送达北京花园村吴作人先生家中。吴作人先生和夫人萧淑芳女士看到丝毫无损的《母女图》,赞叹地说:"一看便知是徐先生盛年之作,十分难得。"吴院长得知李先生曾叮嘱"油画年代已久,必须反卷放在筒内运输,否则油色会爆裂"。连连称颂李先生是位行家。吴院长又慎重叮嘱将油画留在家中好好看一天,再转送徐悲鸿纪念馆。6月26日吴作人先生题写:

情联海内外 李曼峰先生以所藏徐悲鸿先生1939年作油画《母

1986年7月5日,在徐悲鸿纪念馆花园内,廖静文馆长和大家,与李曼峰先生捐赠的《母女图》合影

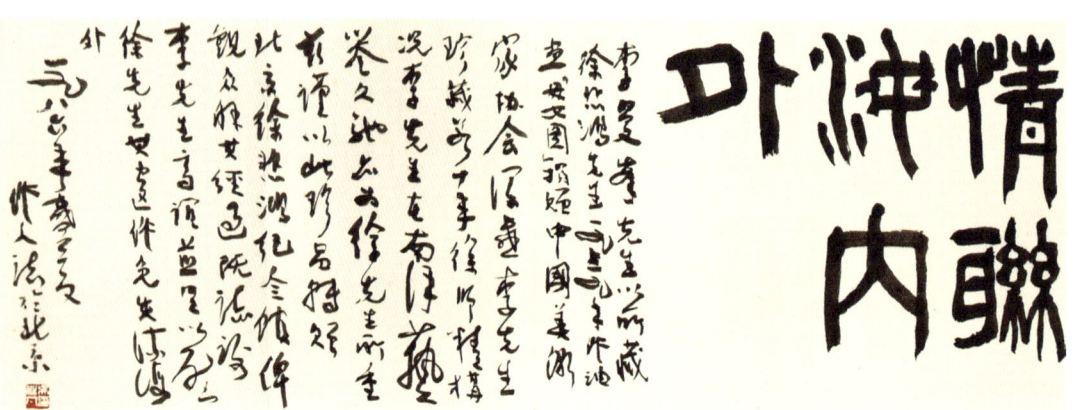

吴作人题：情联海内外

廖静文题：故人情深

女图》捐赠中国美术家协会，深感李先生珍藏数十年徐师精构，况李先生在南洋艺誉久驰，亦为徐先生所重，兹谨以此珍品转赠北京徐悲鸿纪念馆。俾观众能解其经过，既致谢李先生高谊，并呈以慰徐先生其遗作免流失海外。

李可染先生称李曼峰先生此举为"艺林高谊"，关山月先生赞颂为"艺术情谊联四海，乡邦道义溢洋洲"。

廖静文馆长在徐悲鸿纪念馆举行的赠画交接仪式上，即席题下"故人情深"四字。

节录自1988年4月25日新加坡《南洋星洲联合晚报》载《情联海内外遗爱在人间》

第四章 纪事年表

悲鸿星洲纪事

1919年（己未）

3月 获官费赴法留学，途经新加坡。

1919年（己未）—1924年（甲子）

在巴黎，于名片自署"落拓巴黎"四字。于女人体素描题："悲鸿在欧最倒运时。"于男人体素描题："甲子岁次学于巴黎，时为来欧最穷困之节，至无可控告也。"

1925年（乙丑）

秋 驻法总领事赵颂南介绍认识黄孟圭。持黄孟圭介绍信来星，在黄曼士帮助下为陈嘉庚等侨领画像。

1926年（丙寅）

赠黄曼士《篱菊》《老人》。

赴上海，回途经新加坡返法国。

1927年（丁卯）

4月　生活费用尽，李圣章借徐悲鸿旅费再赴星洲。

夏　赠黄曼士《伯乐》。为林志义及其家人画像。

10月1日　蒋碧微经星洲抵上海，徐悲鸿已先回上海。

12月3日　作《刘海》，题："丁卯腊月三日生伯阳后两日写此为其祈福。"后画赠黄曼士。

1928年（戊辰）

作《喜鹊梅花》后补题："袭余芳菲再见难，雪花缥渺绕黄山。何时重上天都级，应采仙芝入袖还。戊辰旧作。"后赠黄曼士。

1929年（己巳）

大暑　作《胡子灰马》，题："画成忽发呆想，安得胡子灰马。服役来到溪上，终日画个不休，完全依他模样。"画赠黄曼士。

1931年（辛未）

冬　作《雄鸡》《猫》，画赠黄曼士。

1933年1月（癸酉）

1月　赴欧洲举办中国绘画展览途经新加坡。

作《唯石岩岩》，题："壬申旧作，尚觉奇肆可喜。"画赠黄曼士。

1934年（甲戌）

秋　作《喜鹊红梅》《枇杷》，题："明年定购香宾票，中得头奖买枇杷。"赠黄曼士。作《桃》，题："生八月方熟之桃，曼士二嫂雅赏。"

11月　黄曼士夫妇返国，徐悲鸿、蒋碧微陪同游南京玄武湖。

11月　作《食草马》，题："芳草得来且自饱，更须何计慰平生。"画赠黄曼士。

与陈树人合作《牡丹图》，题："二十三年中山生日，小集敝斋，树人写牡丹，悲鸿补石，以贻曼士并纪念其伉俪返国。"

初冬　赠黄曼士《鱼柳图》，题："云翻雨复金光闪，王母明铛落九天。曼士兄存，亚尘作金鱼，悲鸿写柳并题。"

初冬　赠黄曼士行书："英雄才略尽销磨，甘隶妆台伺眼波，为恐刘郎英气尽，卷帘梳洗望黄河。录龚定庵句。"

初冬　赠黄曼士行书："萧条暮气月朦胧，午夜吠声出短篷，纵然尽职也何功。辛未感事，悲鸿。"

初冬　赠黄曼士行书："吾在北平艺术院招生欲觇诸人意向，乃设题口试，及一女子，年甚雏，问平时崇拜何人，则不答，问最所不喜，曰最不喜刮风，真天籁也，曼士二哥一笑。甲戌初冬悲鸿书于危巢。"

初冬　与陈树人合作《喜鹊乌桕》，并题："廿三年初冬树人写乌桕。悲鸿画喜鹊。以贻曼士于南京。"

冬　赠黄曼士《小雀》《双鹅》《奔马》《三马》。

1935年（乙亥）

元月　与齐白石合作《秋意》，并题："乙亥元月在白石斋中忆写秋色，悲鸿画秋桐，白石画蝉。"后画赠黄曼士。

初秋　作《大树与猫》赠黄曼士。

1936年（丙子）

画《凌空奔马》，题："本是驰驱跋涉身，几回颠踬几沉沦。欲寻尝胆卧薪地，不载昂藏亲善人。乙亥危亡之际悲鸿。"画携带至星洲赠林庆年，沦陷期间林将徐悲鸿赠画埋入地下，日军投降后始挖出来。

赠黄曼士《老者》《四喜》。

1937年（丁丑）

夏　作《牧童放牛》（题：廿六年夏日悲鸿再归南京）、《鹤舞》（题：曼士二哥五十寿）、《临流而浣衣》，画赠黄曼士。

秋尽　作黑马，题："丁丑秋尽写胸中郁抑。"画赠黄曼士。

冬　画奔马，题："绮藩先生雅教，五花散作云满身，廿六年冬写少陵诗意。"新加坡杨以炽药局藏。

冬　赠黄曼士《霸王别姬》。

除夕　与张书旂合作《喜鹊蝴蝶花图》，后画赠黄曼士。

1938年（戊寅）

1月12日　徐悲鸿离家远行。

4月　郭沫若、田汉邀任国民政府政治部三厅美术科长。

大暑　作《立马高岗》，题："侧身长顾求其群。"画赠黄曼士。

6月　画双马，题："天马徕从西极，陟流沙，九夷服。令人想像汉时盛况，今日如乎。卅七年六月，悲鸿写就感叹。"带到新加坡后，画赠黄曼士。

秋　作《狮》赠黄曼士并题："平生好写狮，爱其性和易，亦曾观憨笑，亦曾亲芳泽，亦曾闻悲啼，亦曾观舞跃，所以河东吼，实千古艳嚎，冒以猛兽名，寻冤其不白。戊辰中秋写于宁，照得等，因之居。"

10月　作《黑立马》，画赠黄曼士。

11月　离广西桂林取出七星岩所藏千多件图画文玩顺西江漂流至香港。写有《西江漂流记》，后在新加坡《星光画报》上发表。

11月　购花鸟扇面赠黄曼士，题："当是一名手。"

初寒　作《立马图》。1939年吾庐俱乐部认购。

仲冬　题戴洁轩扇面赠黄曼士。

冬　画《立马》，题："廿七年冬香港山村道中。"现藏新加坡。

岁晚　与赵少昂合作20幅画，赵少昂赠居廉扇面。

12月　作《归牧图》，题："廿七年十二月悲鸿过香港。"画赠黄曼士。

岁阑　作《猫蝶图》。

1939年（己卯）

1月1日　与赵少昂合作《秋蝉》。

1月4日　乘万福士邮轮离香港，写信给子女丽丽、伯阳。

1月9日　下午抵达新加坡，在码头向记者发表谈话。

1月16日　出席《星洲日报》十周年纪念日活动。

1月30日　与锡矿商人朱植生出席大世界咏春园晚宴。

1月　画黄曼士素描像，题："己卯元月为曼士二哥五十造像。悲鸿六次游星洲。"

1月　作《雄鸡图》。

农历新年　郁达夫拜年，徐悲鸿画梅，郁达夫题诗："各记兴亡家国恨。"

农历新年　徐悲鸿在一张小纸上写下："遐迩尽爆竹声喧，浪迹天南目黯然。总觉行藏全不惯，看他溽暑过新年。"

岁始　书旧作《述学》诗赠黄孟圭："吾人生惧酒，莫辨酒滋味。相彼谪仙徒，最乐酩酊醉。自幼耽曲糵，列瓮尽尝试。陶然有此乐，天爵同难致。藉物求慰情，深入定可冀。不惜眼前昏，何以忘天地。孟圭大哥哂政，悲鸿录旧作述学。"

岁始　在1938年作之《无题》上题："朋辈中最孝悌笃行者，当推香山郑健庐、子展昆季，两家子女众多而一门雍穆，从无闲言。健庐幼女漳五岁，绝慧，与子展七岁女彦相戏，偶为姐伤手痛而哭，彦出无心，述于其母，亦自恨而哭。余适逢其会，觉此乃人类最伟大之情绪，苟广此德，立可溶巨炮作爰人，而太平将与天长地久，永无极也，廿八年岁始悲鸿欢喜赞叹，记此幸遇。"

岁始 作《杜鹃与猫》，题："廿七年春，张君书旂写杜鹃花，越十月悲鸿携之新加坡，上伏狸奴用赠。曼士二哥雅赏。"

岁始 赠黄曼士齐白石《树》，徐悲鸿题："廿一年冬余至北平齐翁此赠者时其年七十二，越七年转赠曼士二哥。"

岁始 画马并题："廿八岁始悲鸿写我马喑矣诗。"

岁始 赠黄曼士《马》，题："引汝认识崎岖路，转眼双肩重担来。廿八年岁始完成三年前旧作。"

岁始 为黄曼士画《双鹤图》并题："心田坦荡便成仙，未闻成仙要有钱。倘把闲劳详计算，一年抵活十余年。为商为吏剧掺心，为吏有时兼为名。总惜孜孜不倦者，一生憔悴为他人。玩世固尝树傲骨，济人抑富具柔肠。千金一诺寻常事，未许财猪论短长。闲云野鹤由来久，避世图南不失真。难得同心贤内助，灌花曝画又烹茗。百岁高年才一半，世情阅遍几沧桑。弄孙膝下尽欢乐，已识群雏有凤凰。己卯曼士二哥嫂五十寿，悲鸿过星洲，馆于其寓，写图并赋短章庆贺，用博一笑。"

岁始 画《鹿头兰》多幅，题："芝兰王者香，乃有倾城色。萧萧易水寒，白虹上贯日。曼士居南洋久，聚异卉无数，此鹿头兰开辄经月，雅艳独绝，为写其夭矫凌空之姿，亦殊态也。"

岁始 赠黄曼士对联（直上中天摘星斗，欲倾东海洗乾坤）。

岁始　画《双猫图》，题："全以点画为点派，吾此幅悉以斑组成，不知应名之谓何派也。廿八年岁始星洲客中，悲鸿。同年十一月悲鸿有印度之行。"

岁始　画《钟馗》，题："乃成先生存，廿八年岁始，阴霾连日，悲鸿写于星洲。"

岁始　作《疏雨》，题："阴霾连日，为赋疏雨一阕。"画赠黄曼士。

春　作《小立马》，题："己卯春日悲鸿客星洲。"画赠黄曼士。

春　作《立马图》赠天文先生。

春尽　作《雄鸡图》赠林庆年先生。

2月12日　新加坡华人美术研究会举行欢迎会，徐悲鸿讲述来新加坡原因及经过，对中国艺术与中国画的改革发表意见。

2月13日　陈嘉庚决定星华筹赈会主办"徐悲鸿教授作品展览"，成立由林文庆为主席的展览委员会，并召开第一次会议。

2月19日　作白描《观音》多幅，一幅题："己卯二月十九日敬设香花写大士像一区，为曼士二哥二嫂祈福。"一幅赠广洽法师及自留一幅，题："己卯二月十九日敬设香花写大士像一区为中国抗战之阵亡将士祈福。"

2月23日　展览委员会总务组决定销售筹赈名誉券办法。

2月27日　作《伐椰》赠黄曼士。

2月　赠王少陵《奔马图》。

3月2日　郁达夫在《星洲日报》发表《与悲鸿的再遇》。

3月14日　《星洲日报》刊出徐悲鸿画展目录。

中国画：《九方皋》、《巴人汲水》、《群牛》、《林歌》、《怀素》、《钟馗》（3幅）、《槟榔树》、《狮》、《德京旧梦》、《蝶》、

《雄鸡一鸣天下白》、《壮烈之回忆》、《奔马》、《白马》等89幅；粉画：《阮君》、《女范》、《背转身来》等5幅；素描：《作者自写》、《陈三立》、《李宗仁》、《白崇禧》、《黄旭初》、《蒋碧微》、《画龙飞去》（稿）、《伯阳》、《蒋梅笙》等26幅；油画：《田横五百士》、《广西三杰》、《箫声》、《湖上》、《远闻》、《风》、《洞山东望》、《碧云寺》、《焦山》、《读书》、《琴课》、《睡去》、《西天目山》、《绿孩》、《泉》、《浴后》、《狮》（稿）、《老妇》、《黄夫人像》、《龙州》、《作者自写》、《范人休息》、《张溥泉先生》、《伯阳》、《丽丽》、《老Athena》、《泠香》、《背卧》、《清光》、《丰盛》、《临Jordans》（原画藏比京）、《临Ranhara》（原画藏英伦）、《公理追逐罪恶》（临Prudhon，原画藏巴黎）、《萧之屠》（临Pelaroiz，原画藏巴黎）、《操舟》等38幅，共计171幅。

3月14日　下午3时徐悲鸿画展在维多利亚纪念堂开幕，展出作品102幅。总督汤姆斯夫妇盛赞徐悲鸿的《奔马》并与徐悲鸿合影。

《星洲日报》刊黄曼士《徐悲鸿先生略历》、史记《田横五百士故事》、王了芬《读徐悲鸿先生的写实主义》。郁达夫主编晨星版刊《李宗仁将军》《北平纪游》《此去》《芦雁》4幅悲鸿作品。3月15日《南洋商报》刊《徐悲鸿先生小传》，指："真正西洋美术之入中国当自先生始。先生之素描为东方第一。"

3月15日　在中华总商会第22届新职员就职礼发表演说。

3月15日　上午10时参加辅政司斯摩尔夫人家庭音乐会。

3月16日　写信给中央大学艺术系并附寄《南洋商报》。

3月16日　两天参观徐悲鸿画展达7000人，展览委员会决定售入场券

（每张1角），另售筹赈名誉券（分100元、200元两种）及将《田横五百士》《广西三杰》《九方皋》拍摄成照片出售，星华妇女筹赈会派多人任招待员。

3月16日 《星洲日报》刊宗生《徐悲鸿教授画作及其他》。

3月18日 画展第四日筹得7600叻币，认购名誉券的有树胶公会、神农药房、吾庐俱乐部、陈延谦、郭可济等。

3月19日 《星洲日报》刊林惠样《徐悲鸿教授作品之另一看法》。

3月20日 林谋盛带领记者参观增展作品：任伯年76幅，齐白石100多幅，居巢、傅雪斋等10多幅及张汝器等的作品。

3月22日 画展增加任伯年、齐白石、傅雪斋、居巢及华人美术研究会会员作品。

3月25日 10天参观画展人数达3万人，陈嘉庚等购画。

3月26日 展览在维多利亚纪念堂结束，当天参观者3000多人。购画相片款1300叻币，购画券9700叻币，共11000叻币。

3月29日 在静方女校纪念黄花节大会演讲《我们的广西》。3月中华书局出售《悲鸿画集》《悲鸿绘集》《悲鸿描集》《悲鸿近作》。

新加坡本地华人捐3000叻币请徐悲鸿为汤姆斯总督画像。

胡载坤设宴咏春园款待徐悲鸿。

4月12日 作《小牛》，题："己卯四月十二日写，曼士二哥未得我画牛，所以笔赠。"

4月17日 陈振夏于《星洲日报》刊出《徐悲鸿画展中"田横五百士"之我见》。

4月24日 《星洲日报》刊出徐悲鸿的《历史画之困难——答陈振夏

先生》。

4月　徐君濂回沪，嘱从汪亚尘处带回中国画白纸卷轴。

为陈延谦画《寒江独钓图》，赠陈育崧《马》。

春　赠黄曼士《马》。

4月　题写《论语》句："志于道，据于德，依于仁，游于艺。"赠吕国豪女士。

春　作《奔马图》赠吕国豪女士。

赠符志远《田横五百士》照片，题："田横五百士民国十七年在上海起手，翌年迁宁写成，悲鸿志。"

5月　画《立马图》，题："伏枥生憎恨，穷追破寂寥。风庐动广漠，霜草识秋高。青海有狂浪，天山非不毛。终当引俦侣，看落日萧萧。廿八年五月客星洲录旧句，悲鸿。"

5月3日　《星洲日报》再刊陈振夏的《读过"历史画之困难"后再向徐悲鸿先生贡献一点意见》。

5月3日　任星华筹赈会主办"翁占秋画展"筹委会委员。

5月　将赵少昂赠居廉扇面转赠黄曼士并题识："云溪生者，常州孟丽堂也。其画奇肆，不仿古人，曾犯死罪縶狱，广西李秉授力出之，因终身匿居桂林李家，故其作品留于粤西独多。时李氏为南中第一豪富，门下食客无数，秉绶又耽好艺事，所写花卉木石亦雅逸可喜，古泉早岁亦寄迹于是，故其工笔摹虫在桂垣亦屡见，其于丽堂则为后辈，晚年尤效其体，可知服膺深也。吾友剑父、奇峰昆仲及树人皆受业居氏，少昂传奇峰之学。廿七年岁晚吾居港两月，与赵君过从颇密，蒙赠此页。曼士二哥赏之，因即转赠。翌年五月悲鸿识。"

5月　画《奔马》并题："骋客与兮驰万里，今安匹兮龙为友。廿八年五月星洲客中遣怀。"

为林文庆画《孔子讲学图》，题："子路曾皙冉有公西华侍坐。文庆先生生长海外，留学欧洲前辈，而生平服膺孔子学说，既怀负仁心仁术而耽玩文学，先生曾以英文译离骚，自强不息，从容中道，洵长者之风也。论语此章最富诗情。恭谨写之以奉先生，亦庶几伸不佞困学之微意焉。"

作水墨骏马多幅。

6月29日　徐悲鸿、广洽法师等到码头欢迎谭云山到星洲。

6、7月间　在江夏堂画李惠望小姐。

7月2日　李俊承在佛教居士林设素宴欢迎谭云山，被邀作陪有林谋盛、徐悲鸿、黄曼士、关楚璞、郁达夫、王映霞等。

7月6日　珍妮女士全身油画像落成礼。

七夕　画游鱼成扇题："萧君伯亮擅绘事，而数奇，居星多年郁郁不得志，吾友曼士重其品行。独与相善伯亮，为写此扇贻之。"扇背题《七七招魂诗》。

7月7日　《星洲日报》晚报刊徐悲鸿《诗话两则》——《夏淑吉悼亡诗》：明末爱国诗人夏完淳，十七岁即死难，为中华民族空前绝后之天才。靡有异词，其姐淑吉，嫁候洵年二十而寡，悼亡云：萧萧鉴元夜，幽云起微凉。眷言念君子，沉痛迫中肠。音徽日以杳，翰墨酋芬芳。灵帷空萧条，斋口真荒唐。举声百忧集，涕泣不成章。情意真挚，一字一泪，诗人薄命。诚可伤也。《七·七》：明末吴中应社志士钱绮彦林，七·七诗云："对泣南冠度长宵，江乡千里客愁遥。双星若识人间事，也定凄然罢鹊桥。"不胜流离之感。（二则皆载《竹坨诗话》）

7月7日　为汤姆斯总督画油画速写两幅。

夏　作《蕉雀》并题："一绿蔽天地，千章若阵营。无心自舒卷，繁实系艰沉。向背分凉暖，荣枯见屈伸。焉能甘露比，普遍到苍生。欣农先生方家教，廿八年夏星洲遣兴，曼士二哥爱之，因予移赠。"

7月14日　《星洲日报》《繁星》刊徐悲鸿《廿八年七七招魂两章》："恭奠香花沥酒陈，丕显万古国殇辰。星河耿耿凄清后，魂兮归来荡寇氛。""想到双星聚会时，兆民数载泣流离。同仇把握亡胡岁，预肃精灵陟降期。"

画《奔马图》，题：玉柳先生惠存廿八年七月。

7月16日　画马速写。

夏　作《钟馗》《椰影》《回首马》，成扇《白牡丹》《双鹅》《飞雀》《鱼鹰》和《白莲》（赵少昂画，徐悲鸿题：千山鸟飞绝）赠黄曼士。

大暑　重画《六朝人诗意》并题："苦哉远征人。毕力干时谁？高山盘脚底，阴云及树端。野胡来东上，长驱入西关。惜看白日景，何时解冰川。廿八年大暑写旧稿六朝人诗意。"

8月24日　为《愚公移山》作习作。

大暑　写对联"是何意态雄且杰，不露文章世已惊"赠郭新先生。

8月25日　复信女儿丽丽："国家大难临头之际，各人须尽其可能尽的任务，事变之后，我们不见得会比人家更不幸福的。父字。八月廿五日世界大战前。"

8月29日　在江夏堂完成总督油画像。

8月　中正中学开办一周月，校长庄竹林请徐悲鸿在庆祝大会上演讲。

为何光耀画一家像。

为陈之初画像。为陈之初作《梅雀争李》《三鹅图》。为陈之初题《任伯年序》。

8月　作《狮》（题：廿八年十一月将有印度之行）、《猫欠伸》（题：猫欠伸，有殊态，自愧笔弱，传之不出，不知将觅何人而仿之也）、《红枫双鹤》成扇（题：己卯八月曼士二哥五十寿，弟悲鸿写贺）。后赠黄曼士。

8月　写对联"山林有福可常住，名位如诗得偶然"赠曾沧海先生。

9月7日　将新加坡画展筹得15398.95叻币由当时中国银行寄交广西省政府。作第五路军阵亡将士遗孤抚养之用。

9月14日　下午5时在维多利亚纪念堂举行总督画像悬挂典礼，徐悲鸿对记者称："实际绘像工作三月余，总督共让悲鸿写生五次，及函谢徐悲鸿。"

9月18日　画《奔马》多幅，题："朝枢先生雅属，廿八年九一八悲鸿聊抒忧愤。"

9月　作《双鹅》，书石鼓文"好花多是喜树"，赠黄曼士。

9月　为黄曼士题《百扇斋主手拓悲鸿用印》及序。

9月　为张汝器夫人、女儿画像。

9月　为吴朝枢作双马《竞爽》，题："廿九年九月悲鸿漫笔即奉朝枢先生哂正。"1941年夏又题诗塘："虎穴往往无虎子，坐看春尽落花时。平生几次梦中梦，魂定神清方自知。感事一章，朝枢先生雅令，卅年夏悲鸿。"为感谢吴朝枢的帮助，徐悲鸿画了《双马》《双鸡》《双猫》，"三双"赠送给他。

10月27日　完成油画《放下你的鞭子·王莹像》。

10月　作《鹅》（题：廿八年国庆曼士二哥五十大寿悲鸿写贺）、《侧目》、《鹰》（题：飞扬跋扈为谁雄）、《立马》（题：自春徂秋，以曼士二哥雅意，馆我于星洲江夏堂者十月，留贻此画永为纪念）画赠黄曼士。

秋　作《陟彼崔嵬一章》，书篆书对联并题："曾伯□字体茂密，雄强可与散氏盘方驾。客中辄喜临抚，虽未见有所得，亦足为养气助也。"赠黄曼士。

秋　录宋词书法"澄空无际"赠友。

秋　画《四鹅图》赠曾沧海、吕国豪夫妇。

晚秋　写七言诗"从古人穷则返本，艰难今日到真源。盘根错节亭亭树，不昧风雷雨露恩。廿八年晚秋悲鸿感事星洲客中。"

11月1日　徐悲鸿赴印度前夕接受记者访问，建议设立美术馆及艺术家组织俱乐部。

11月1日　新加坡华人美术研究会为徐悲鸿举行欢送茶会。

11月　陈延谦止园为徐悲鸿设宴饯别。

11月18日　乘轮赴印度，数十人送行。行前捐2000叻币，汇寄广西为军人制棉衣用。

11月24日　抵缅甸仰光，与吴忠信、单医生等结伴游大金塔、维多利亚湖、唐人街。写有仰光游记《真西游记》。

11月29日　抵印度加尔各答，住大陆旅馆等候画作清关一周。

12月4日　印度加尔各答两所华侨学校联合开欢迎会。

12月6日　11时57分抵圣地尼克坦国际大学，后写有《鸿讯》。

12月11日　两幅人像作品参加新加坡华人美术研究会第四届展览会。

12月11日　华人美术研究会第四届画展展出陈宗瑞《南洋果物》一画，

悲鸿为画题诗："孰谓炎荒不可居，当知世事有乘除，画中岂舍宣传意，万紫千红供饱饫。"

12月14日　下午时泰戈尔为徐悲鸿举行欢迎会与举办画展，参观圣地尼克坦国际大学美术学院展览厅内古代壁画、民间及近代美术作品。

冬　作《立马图》题："搔不着痒处，廿九年冬日，悲鸿戏笔。"

赠黄曼士《飞鹰》、《巨人牛》、《雄鸡》、《槐树》、《鸽》、《立马》、《汲水》（题：所谓小题大做者也，南京北极阁下之井泉，味正甘，汲者踵相接，谇者集合，笑语讥骂，各调并奏，画不胜其情也。廿四年夏在南京写未竟，居桂林始设色足成。）、《奔马》（题：闻台儿庄大战胜利，悲鸿写此志喜）。

赠黄曼士《葛花》并题："葛花巴人呼之曰果（上声）嘴儿，又名土灵芝，与猪肚合煮，和以糖可治痔疮云，廿六年冬余居巴。忽得是病，辗转床席，殊为苦楚，少瘥与友人行于途，爱此草之鲜艳，购归欲树之为盆景，不识共有是功也，亦未尝试之。"

作《奔马》并题："闻报长沙大捷，悲鸿写此志喜。"画赠黄曼士。

赠黄曼士任伯年所作《干将莫邪》并题："今年己卯距伯年作此画时正干支一周，时伯年年四十五。与吾此时正同，亦异数也，曼士二哥存之永念，弟悲鸿识。《干将莫邪》辛未长夏吴君仲熊赠我，悲鸿志。"

赠黄曼士任伯年《鸡与水仙》，题："此作出于伯年画室，三鸡似其手笔，后尚有腊梅一株，以破碎笔去之，水仙初未设色，悲鸿为补成，并记始末。"

父亲徐达章作之《山水》，题："一团麻劈乱蓬蓬，写出青山不古容。自是幽人劳杖履，看山好入画图中。"赠黄曼士。

作《三马图》，题："水草寻常行处有，相期效死得长征。"

黄曼士赠任伯年册页，徐悲鸿在《任伯年评传》中提及自己陆续收藏任伯年画数十幅，"尤以黄君曼士所赠十二页为极致"。

题"中国革命文献特辑。"

为南洋美专校长林学大作油画像。

1940年（庚辰）

岁始　作《白梅图》，题："深山穷谷蕴寒梅。霜雪星光月献胎。自赏孤芳与物化，解颜欢喜放春回。"

1月10日、11日　南洋商报刊《真西游记》，述游仰光过程。

1月11日　《星洲日报》刊徐悲鸿《鸿讯》。

1月20日　画《泰戈尔后园》《泰戈尔于其书斋中》。

1月21日　晨，画泰戈尔像速写。

1月　画恒河、鸭、牛、恒河上古堡、恒河岸、野食余兴等。

1月　将带到印度的画册捐赠圣地尼克坦国际大学美术学院。

黄孟圭作10首七律咏徐悲鸿及49幅画作。

2月1日　泰戈尔为徐悲鸿在印度加尔各答画展写序文。

2月9日—15日　星华筹赈会主办书画联展，徐悲鸿以《奔马》参展。《星洲日报》评："至于徐悲鸿之马，饮誉已久，参观者一望而知其为画圣手笔。"

2月17日　12时会见甘地并画速写，甘地在速写上签名。

2月26日　《我自觉不胜惶恐的欢迎会》刊于《星洲日报》。

春　画《紫荆》、《木棉》（题"天女摘落霞"等诗句）、《灿若朝霞》（题：灿若朝霞色，高与青云齐，孰具英雄气，棉花傥可师。吾居广西几两年，往来广东十余次，曾无缘一见木棉花开。廿九年游印，乃始赞叹其光华灿烂之容，顿舒积热。即录往日题树人画句。不胜今苦东西之感）。

2月　在带往新加坡的素描上题："廿五年南京中央大学画，江北女子也，而好身段，悲鸿庚辰。"

3月31日　《星洲日报》刊《与印度圣者的会见》。

3月　题《双马图》："实去年七月之作。"

作印度妇女肖像，题："印度偶像所刊，刘玄德耳朵真有其器，是日见一五十男子吊耳琅当，咄咄怪事。"

4月1日　抵喜马拉雅山大吉岭。

4月3日　画竹，题："廿九年四月一日初，抵喜马拉雅山大吉岭越三日试笔。"

5月1日　作速写，题："荆卿乡强敢之晨，美丽不可思议，悲鸿廿九年五月一日。"

5月　作《三鹤》。

5月　作《群马》，题："悲鸿时客喜马拉雅山之大吉岭，鄂北大胜，豪气勃发。"

5月　于印度大吉岭画《喜马拉雅山》《喜马拉雅山之林》《云中》等水墨画与油画。

5月　画猫并题："庚辰五月大吉岭上写，悲鸿。"

5月　乘马深入喜马拉雅山至锡金边境之法鲁，作长诗："无论千山与万山，裹粮仆被远追攀。有爱勿莱斯相待，忘却迢迢世路艰。羊肠小径穿云上，辜负良工凿路功，顷刻盘旋三十里，胜他中道有幽逢。束带横腰山径成，勉称坦荡足通行。偏生蠢马缘边走，俯视千寻心胆惊。花上九霄花愈浓，四围山尽白云封。向来惯识悠悠态，味其滋嘘造化功，（石雨花也，国庐有之，高不过八尺。散原先生曾赐与嘉名，曰云锦。喜马拉雅山产者，间有大红深红者，在商达甫后山、左山，石下数百万本，蔚成巨林。此花绝洁，既长此花不特不能产他木，并草都无。）几多生物兴亡史。漠漠洪荒在足边。移植数株山倒树，回生繁茂岂偶然。曲折峰峦自往还，往还总在翠云间。白云回护山中树，不管人来看山。"

5月28日　作《三马图》，题："与狂诗姐妹幅也，廿九年五月廿八日有神来吾腕下，悲鸿。"

6月19日　为腊马克理息难教长老画像。6月写信寄予黄孟圭并赠予泰戈尔之合影。

6月　画印度妇人像。

夏　作《鹫》（题：一览众山小，廿九年夏。西马拉雅山中）、《杉树》（题：高达铺杉树，西马拉雅东部无松。廿九年夏悲鸿游之）赠黄曼士。

7月24日　在圣地尼克坦画自画像。

7月　作《双马图》。

8月9日、10日　《星洲日报》发表徐悲鸿登喜马拉雅山长诗。

8月10日　《星洲日报》刊徐悲鸿登珠穆朗玛峰《既近荆卿强干》（题：一气横空色界天）、《余兴一章》（题：白雪天自在，倾刻即升华）。

8月12日　作《水墨奔马》并题："廿九年八月十二日灯下，悲鸿居圣地尼克坦。"

8月24日　下午一时半为《愚公移山》作草图。

10月18日　购瑞典画家画册《安德斯·佐恩其人其作》（*Anders Zorn His Life And Work*），盖"暂属悲鸿"印，题："东坡诗有始知真放在精微，观初论（ZORN）之画，益信其言不虚，悲鸿。"

购《尼扎姆诗集》（*The Poems Of Nizam*），在扉页上题："廿九年九月作全印之旅，双十节抵朋培。翌日偕刘君亮兄赴市中，购此精妙之册，十八日归圣地尼克坦，悲鸿。"

1月—11月　完成彩墨画《愚公移山》（曾作30多幅草稿）。

11月8日　施香沱画展展出，徐悲鸿为施香沱画题诗："庭有甘露叶离披，相伴黄花烨烨姿。漏网太平得一角，乐汝小鸟总无知。"

11月　向泰戈尔辞行，泰戈尔请徐悲鸿为其选画。

12月13日　下午三时乘轮由印度返抵新加坡。

12月19日　以《泰戈尔画像》《放下你的鞭子》《马》《鹰》参加新加坡华人美术研究会第五届展览，在展览会留言："侨寓诸同志，皆在匆连忙迫之环境中，而能有如此精勤集合，不佞深以为荣。"

12月22日　合作松竹梅菊多幅赠吴朝枢，并题："秋色，月秀、善深、悲鸿合作以赠朝枢先生。""廿九年不尽九日，小集朝枢吴君斋中，月秀写梅花，善深画松、悲鸿补竹并题，以酬主人。"

12月26日　青年励志社请徐悲鸿谈游印度观感。

岁晚　画《疏梅》赠黄曼士。

岁晚　赠杨善深《立马图》，在面包纸上为杨善深画展写序。

冬　画《竹》《四喜》赠黄曼士。

岁末　作《大竹》并题："曼士入市，偶然得异人种竹奇术。举以相授，果然十丈修篁，顷刻成荫，大喜过望，因移一本，酬曼士植之江夏堂中。庚辰岁尽悲鸿自印度归,写于星洲。"

作《漓江雨意》《雄鸡》《双猫》赠黄曼士。

赠黄曼士《松》并题:"此枝历与雷霆斗,土脉微扶春气醒。一代淫威谁敢赭,天荒地变独青青。寿石工集散原诗,悲鸿庚辰。"

1941年(辛巳)

岁始　作《漓江雨意》,题:"雨中山色,卅年岁始追忆漓江风味。"画赠黄曼士。

春　画《苇鸭》赠林学大。

1月7日　赴马来西亚吉隆坡筹展。

1月30日　《星洲日报》刊悲鸿《印度杂诗》之一。

2月8—15日　由雪兰莪华侨筹赈会主办的徐悲鸿画展在吉隆坡中华大会堂举行。徐悲鸿致辞,强调美术贵独创。共筹得17500叻币。

2月27日　吉隆坡坤成女校特邀其主讲"画家的派别"。

2月　在油画《九方皋》照片下题识:"民国七年冬,余被派赴法国,频乃为卢将军画马,南湖先生题诗三章。其一云:三千弱水传名迹,少日飞腾也自豪。祇惜只今尘世上,不知谁是九方皋。越十年,此画写成,即用以纪念廉先生。又伤先生终未见此画也,徐寿先生雅鉴。

卅年二月,悲鸿并识。"

2月　画《幽兰》,题:"宛在幽岩里,窈窕深谷中。众生贪扰攘,无复理芳容。徐寿先生雅赏,卅年二月悲鸿。"

2月　画枝上双喜鹊赠徐君濂,题:"君濂老弟、述贤女士佳期,卅年二月悲鸿写贺。"

春　画《侧目》并题:"辛巳春日,吉隆坡客中悲鸿思Barye,安可及乎。"

春　画《飞鹰图》赠陈宗端，题："呼吸入长空。夭矫神龙舞。凌轹日月光，助长风云怒。未应怀饥肠，威迫弱者惧。"

3月1—8日　抵怡保韩江公会举行画展筹赈，筹得万元左右。

3月14日　在怡保写信给林语堂：准备携自己及齐白石、张大千等画作赴美展览筹款。

3月29—4月4日　抵槟城举办画展，画展由槟华筹赈会主办，中国驻槟城领事出席开幕式，筹款约12,000元。

4月　为张珠母作素描像。

4月　画《饮马图》赠骆清泉，题："泉兄泉长流也，辛巳四月悲鸿。"

赠马骏《立马图》并题："哀鸣思战斗，迥立向苍苍。"

赠马骏诗："多少权奸咏大风，曲中恩怨定难穷。人生幸有黄粱梦，省却登场万事空。马骏先生之属，卅年四月悲鸿。"

为银月歌舞剧团南非公演特刊题签。

为骆清泉画《立马图》题："秋风万里频回顾，认识当年旧战场。"

为骆清泉画《病马图》题："前日狂奔八百里，艰危相倚主人知。沙场故国他年志，筋骨此番苦预支。"

为骆清泉录庾信《咏怀》廿七章题款："清泉仁兄既精柔术，工医，存心济世，卅年四月余因槟城之展，遂因订交。君又能书及篆刻，好学不倦，吾甚重之，为书此册永资纪念。"

为张瑞亭写"精气神"并画炭笔肖像，并与张瑞亭、王再造合影。

画《赵姬》，题"赵武之母"。

在槟城题诗赠友："山市登临淑景开，更逢风雨故人来。眼前生灭寻常事，好约群仙醉几回。""应喜天涯自在身，兴来分咏得高吟。停云何意良朋会，直索枯肠到月明。"在槟城游鹤山、极乐寺、槟榔文库（刘士木草庐），访演本大师智上人，参加槟城三江公会欢迎会及槟城吟社聚餐。

4月　美国援华联合会发出电报及信件邀徐悲鸿赴美展览。

5月1日　于新生励志社礼堂讲话。

5月端午　作《钟馗》，赠黄曼士。

5月10日　复信李曼峰。

5月　画《奔马》赠管震民，题："辛巳五月，悲鸿写奉震民先生时同客星洲。"

5月　画《紫兰》，题："辛巳五月，星洲曼士斋中赋色悲鸿。不赴清溪作水仙，天生倩影自翩翩。吸风饮露藐姑射，摘取云霞为采冕。"

5月　由槟城至怡保居逸庐用隔夜残墨作《牧童》。

5月14日　在槟城写信给林语堂，谈赴美签证等细节。

5月　于槟城赠骆清泉书画纪念册页。

5月26日　为骆清泉画素描像。

6月11日　在新加坡敬庐学校画黄孟圭素描像。

6月　为广洽法师画喜马拉雅山扇面并题："天游入净土，心清闻妙香。广洽法师道行高绝，持戒谨严，心敬之，书此奉教，悲鸿。"

6月25日　徐悲鸿在金马仑山写信给蒋碧微："三年来汝率两儿在轰炸之中，坚苦支持，虽增强了汝之志气、却愈刺激我之悲痛。而此两孩曾亘一年无一书，想起终日遭受空袭之烦闷。无论如何，远方之人毫无恐怖。便不当以大较悠闲之心情，以责备挣扎者之任何一切，逝者如斯，言之惘怅！吾今特致慰于汝，并告汝一重要之事，林语堂兄来函。美国援华联合会邀吾赴美，举行中国现代第一流画展。我之川资由各方友人相助，至美后便无问题。汝倘蠲弃前嫌，我竭诚邀汝同行相助……"

6月25日　于金马仑山写信给林语堂，谈赴美展品入关细节及欲在8月20日赴美。

夏　赠余龙孙水墨《立马图》。

7月　赠黄曼士对联："深谋远虑，济众博施。"

7月　画《奔马图》赠胡载坤医生（题：五花散作云满身）。

7月　赠韩槐准《立马图》（题悲鸿　辛巳七月）。

7月　骆清泉在江夏堂手拓悲鸿用印，徐悲鸿题写"悲鸿印存"。又题："廿七年归国后，颇获交四方名士，尤以印人为多。如大壮、仲子、白石、汉怀，皆应运而生之杰。数百年间气所锺，往古未之有也。自幸得藏其精作，炎荒寂寞，偶出一赏，精爽如昨，若对故人，亦自慰之策也，悲鸿。卅年七月星洲客中。"

7月8日　写信给林语堂，谈及赴美展品入关准证及画件免税，并希望代办与蒋碧微同行。

7月16日　在新加坡写信给林语堂，希加入郑振文同行赴美。

大暑　画《奔马图》，题："山河百战归民主，铲除崎岖大道平。"写"交情脱宝"对联。

在槟城南国旅社为庄家训题杜甫《咏怀古迹》诗。

8月14日　在槟城写信给林语堂，请代订赴美船票。

8月下旬　返回新加坡。于江夏堂画《紫兰》，题："俄德鏖战，死伤300万，悲鸿居星洲餐此秀色，尚有远甚于此者。"又题："何处春风飐酒旗，宛同蝴蝶梦中飞。剧怜帝阙严恩宠，不许分香到紫微。"

作《秋鹰图》，并书《秋鹰吟》赠黄孟圭。

8月28日　作画《胡姬花》，题："辛巳八月廿八日曼士二哥初度，盆栽写生，悲鸿持以为寿。"

8月　赠南洋美专《立马图》并题："辛巳八月悲鸿。冠天先生赐诗咏拙作田横五百士，心感其意，以此报之。悲鸿再识此第二层也，顾精采未逊，少加修整，用赠南洋美术专校补壁。"

8月　为骆清泉画《千山横石三五片》诗意。

大暑　为施香沱题写："尊德性，道问学。致广大，尽精微。极高明，道中庸。"

9月8日　《南洋商报》"纪念泰戈尔博士特辑"刊徐悲鸿《诔泰戈尔先生》一文："世固有超乎生死之观者。若洛平特拉南泰戈尔先生，应无所谓生死也。其藏也，则景风翔，庆云浮，蜚英声，腾茂实。其行也，知凤凰来仪，采羽纷披。翔翱于数千万人欢欣鼓舞之上，祥光瑞气，和乐雍雍。今者疾风海立，迅雷崩山，凄厉锐声。天昏地黑，以此而象征先生之死者。于人心，于吾心，宁能漠然无所区别耶。固不必亲炙其教，或曾食其德，与身沐其泽者，始呜咽悲哽也。先生慈祥恺悌，温良和善之音容笑貌，如仙露醇醪，春风明月之陶醉人者，从此寂灭，不可再见。必欲人群呼吸呻吟于此惊涛骇浪或烽火毒氛之下，呜呼！帝之仁慈，何遽不若一血气者，之所为哉。匪有亿兆人民，贡献香花，五体投地。而祈祷乎。而哀吁呼，何所锡予之相远耶。

天地之中央有天柱，云霞绕之，金光灿烂，放其清流洋溢中土，滋民以生，亘乎万代，钟其灵秀。粤诞哲人奋其逸响，面歌宇宙万象无极之爱，而制从容中道之礼。而为雄深高妙之文，而写博采文章之画，自然而显乎人心，而合乎造化，使难娄悔其明，公输非其巧。莘莘学子，趋向有方，芸芸从生，各安其所，鸢飞浮雌，利人以和。呜呼！太平盛世，固无待于圣人也。圣人必应运降于衰世，而其道之宏、泽之广，其风之远，其德之永，将与天地同寿，与日月齐光。呜呼，若洛平特拉南泰戈尔先生，人焉能死乎。

故至诚无息，不患则久，久则微，微则悠远，悠远则博厚，博厚则高明。

博厚所以载物也，高明所以复物也，悠久所以成物也，博厚巧配天，高明配地。悠久无疆。"

9月8日　在电台宣读悼念泰戈尔的广播稿。

9月11日　于敬庐为黄孟圭画素描像。

赠韩槐准《喜马拉雅山》《竹鸡图》，题："愚趣园"。

9月13日　写信给林语堂，谈赴美展品五六百件之关税等。

重阳　作《大竹》赠黄曼士并题："欲造茂林三载就，春来新笋是珍馐。不须论品夸高节，便计功能孰与俦。卅年重阳。"又题："百扇斋　曼士聚扇不厌其多，言百者举成数也。"

秋　作《蕉叶》《风柳八哥》成扇赠黄曼士。

秋　作《丛竹》并题："古人有此章法，曼士二哥见而好之，悲鸿约略仿其意，写此应命。"

黄曼士递纸索《八骏》，徐悲鸿作《十骏》并题："四皓九老七贤会，此幅应为八骏图。多写几驹来凑数，其中驽骀未全无。曼士二哥一笑。"又为黄孟圭作《十一骏图》，题："两人似为牧马者，实与他全无关系。听说马粪能种菰，大约他来看一看。"

秋初　赠敬庐学生姚义夷书法《子欲居九夷》。

10月　作《饮马图》赠赵少昂。

10月　作《立马》赠黄曼士并题："南使宜天马，由来万匹强。浮云连阵没，秋草遍山长。闻说真龙种，仍残老骕骦。哀鸣思战斗，迥立向苍苍。卅年十月槟城客中遣兴，悲鸿。"

10月　江夏堂画《紫兰》并题："曼士二哥斋中紫兰大开，开经月不谢，愧我奔走于外，既见已垂凋，惆怅弥极，写与则璐三哥，助其炎荒想象。卅年十月悲鸿将之美洲。"

为广洽法师画竹。

麻坡泉漳公会落成，黄孟圭为求《奔马》一轴，徐悲鸿题："余曾一度改名黄扶，平生遇黄，逢凶化吉。"

11月8日　晤李曼峰，题《李曼峰画集序》，赠与泰戈尔的合影，《鹰》《饮马》等字画。

11月　题敬庐校匾、松风阁等。

11月16日　与郑振文同访郁达夫。

11月17日　在新加坡写信给林语堂，谈郁达夫译《京华烟云》及将于12月6日乘Pres.Harrison号轮船赴美国。

12月8日　太平洋战争爆发，日机轰炸新加坡。

12月　为躲避日机轰炸，黄曼士、徐悲鸿决迁往郊野黎陇坝，租住一间乡村亚答屋，并将原存江夏堂的书画物品定分装木箱内，运往黎陇坝。后考虑黎陇坝路窄，一旦遇空袭，竹木树叶搭的亚答屋会烧得很快，逃走无路，决定再迁往附近罗弄泉的崇文学校。

往愚趣园选择藏宝地，画《红毛丹图》赠韩槐准。

12月　作《飞鹰图》，题："成属仁侄存念，辛巳太平洋大战之际，悲鸿在愚趣斋写。"

冬至　作《飞鹰图》，题："呼吸入长空，夭矫神龙舞。凌轹日月光，助长风云怒。未应怀饥肠，威逼弱者惧。歧丰世讲存念。辛巳冬至太平洋大战之际，尚得在愚趣斋啖红毛丹，亦人生偷得之幸运也，悲鸿。"

12月23日　日军攻占太平市。

12月26日　日机空袭新加坡。

12月28日　日军攻占怡保机场并4次空袭新加坡。

写对联："诸恶莫作，众善奉行。"

作《芦雁》《双猫》赠黄曼士。

赠温梓川《古松图》并题："老松因年事已高，枝桠不多，惟横枝异常苍劲，若供鸟雀栖息，未免大材小用，若取而为门闩，虽略嫌粗大，尚堪一用，不知梓川兄为然否。"

赠南洋学会《椰阴飞鸽图》。

1942年（壬午）

1月2日　日本海军航空兵多达150架飞机轰炸新加坡的油库及军事设施。

1月　罗弄泉枯井、愚趣园、红毛丹园埋藏留于新加坡书画金石文玩。

觉已到必须离开新加坡之时，于江夏堂见砚中余墨，取宣纸4张，蹲地用大笔画墨竹赠马骏、张瑞亭、黄曼士，取意"竹报平安"，告别留念。

临别赠黄曼士《乌鸡木槿》等画，匆忙中未题款，黄曼士后题："此画是二重宣，未题款，颜色比原画稍逊……悲鸿在渝裱此画时，即将二重起下。裱好带来星洲，临别时将此帧见贻。"

1月下旬　携带约1000幅主要作品乘轮离新加坡。船在马六甲海峡遇空袭，改绕苏门答腊岛抵缅甸。

2月　从陆路经缅甸，抵云南畹町回到中国。

2月15日　英军投降，日军开入新加坡市区。

2月23日　抵云南保山，3月6日在保山荷花池新运服务所举行劳军画展，展出携回国600多幅画，包括《愚公移山》《田横五百士》等。

在新加坡赠黄曼士尚有：《卧牛》、《猿》、《古柏》、《水牛》、《钟馗》、《芦雀》（题：故乡野色时萦梦寐）、《两小马》、《篱菊乌鸡》、《上市》（题：袅娜娉婷上市归，悲鸿写元人句）、《奔马》（题：悲鸿试新山马毛笔）、《红奔马》、《小犊》、《黑猪》（题：惯与泥泞积水混，光园拙壮信天成。何期今古居奇客，装默写容酷类居），篆文书法："哲王御白狄，道人兴黄粱。"

1945年（乙酉）

9月12日　新加坡日军正式投降，英国接管新加坡。

9月　黄曼士等挖出罗弄泉枯井藏物。

冬至，徐悲鸿作《立马图》赠黄曼士。

1946年（丙戌）

元日　作《四喜》寄赠黄曼士（题：曼士二哥惠教，卅五年元日）。

3月　黄孟圭托曹仲渊带题《十骏图》诗给徐悲鸿。

3月18日　徐悲鸿复信黄孟圭，寄《会师东京》图片。

4月25日　复函马骏（天翻地覆而各无恙，诚天幸也）。

6月2日　徐悲鸿写信给韩槐准："存物累先生保存，且累重装，实深心感。惟瓷器必须加意装好，且须好箱子（最好用坚实木箱，多塞纸团），望以件数见告。"

9月6日　徐悲鸿写信给韩槐准："将不带之物，赠予先生作纪念，屡费精神，深感不安。兹附寄白石老人近作一幅。乞哂存。"

1948年（戊子）

6月　作《双奔马》，题："天马来从西极，涉流沙，九夷服，令人想象汉时盛况。今何以乎？卅七年六月悲鸿写就感叹！"画赠黄曼士。

冬　赠黄曼士《奔马》并题："此去天涯将焉托，伤心胜利亦徒然。卅七年冬悲鸿居北平。"

11月　复信陈笃生，及重画《寒江独钓图》并更名《寒江垂钓图》。

托人带齐白石《无量寿佛》赠广洽法师。

11月21日　徐悲鸿写信给韩槐准："弟以微物，累先生数年辛劳，心至抱歉。明年将有学生数位由英返国过星，已告曼士老兄代集各箱，交之带回。"

12月2日　徐悲鸿写信给韩槐准："门人数位将于明年五六月间由英过星返国，故请先生及曼士老兄将弟存二公处之物交之。"

1949年（己丑）

5月28日　陈晓南由英国留学回国途经新加坡，将存于韩槐准和黄曼士处的书籍、陶瓷、油画带回给徐悲鸿。

5月29日　徐悲鸿写信给韩槐准："昨日门人陈君晓南过星，黄兄将弟存箱皆付带到，所有瓷器皆无损坏，感兄保存装包之德，不能去怀。"

6月23日　徐悲鸿又写信给韩槐准："弟物皆安全运到，念先生为弟维护之情，心感曷已。而诸箱累曼士二哥及先生过于十载，诚生平可记之事也。此时，园中红毛丹正熟，顾安得尝乎？"

1951年（辛卯）

4月　寄赠韩槐准诗（十年长忆海南韩，愚趣园中嘉会难）。

1953年（癸巳）

9月26日　徐悲鸿在北京逝世。

9月29日　新加坡《新报》等报刊头版头条刊登徐悲鸿逝世纪念图文。

10月28日　在江夏堂百扇斋成立徐悲鸿遗作展筹委会。

1954年（甲午）

9月19至21日　新加坡在维多利亚纪念堂举办徐悲鸿遗作展，展出收藏者黄曼士、钟青海、何国豪、陈孟瑜、韩槐准、岑梦弼、胡载坤、周莲生、胡少炎、李西浪、刘韵仙、陈人浩、傅天闷、陈之初、施香沱、林学大、陈育崧借出的作品。

出版《徐悲鸿遗作集》，刊29幅徐悲鸿遗作，黄曼士写《徐悲鸿先生事略》。

以"徐悲鸿遗作展"名义汇500元给徐悲鸿遗属。

后记

1956年我不足11岁,同学没有告诉我,却代我报了名。我考入了中央美术学院附中,成了当时中国年龄最小的美术院校的学生,开始了中央美院十几年的寒窗苦读。那时美院与附中的教师,大部分都是徐悲鸿的学生。

作为新来的小同学,到美院的第二天,便被郑爽等高班同学带到东单附近的徐悲鸿院长的家,也就是后来的徐悲鸿纪念馆。

那时徐悲鸿逝世两年多,画室、睡房、月门、园花、绿槐依旧,周恩来在大门题匾额"悲鸿故居"。盛夏炎炎,徐夫人廖静文亲自摘下浓荫葡萄架的新鲜葡萄,招待我们这些学生们。

美院毕业后,做过在薄冰、粪坑、烂禾草中的工作,又到过70个国家画画、旅行、打工、投资、谋生活。吴作人院长重游丝绸之路时,曾为我题写过"天涯芳草"四个篆字。

山川湖海,浪迹天涯,30年搬家十多次。完成《悲鸿在星洲》初稿时,住在新加坡一个小湖畔，推窗可见湖面景色变幻，晨昏暮晓，莺鹭飞翔。

但当年我刚到北京在徐悲鸿家做客的那一幕，还一直烙印在脑海里。徐悲鸿儿子徐庆平，与我是美院附中校友，自然关心留意。1979年我在香港的一本旧画报上，看到徐悲鸿在新加坡给总督画像的照片，这是我前所未闻的。

读廖静文的回忆：1942年新加坡沦陷前，徐悲鸿的40多幅油画，沉入一所小学的井里。但我不尽相信这批油画就此在世上消失。在中国香港友人家中看到的《喜马拉雅山》，不是其中的一幅吗？

1984年，我从中国香港到新加坡一家中文报章工作。在连续数月的时间里，我下班后到国家图书馆翻查1942年新加坡沦陷前，几乎所有的《星洲日报》与《南洋商报》，手抄下几大本有关徐悲鸿的报道和资料。在《星洲日报》写了数年有关徐悲鸿详尽报道的记者，竟然是我夫人从小就熟悉的徐君濂先生，他后来任新闻社总编辑时，和我岳父薛子江是同事兼一墙之隔的邻居好友。

徐悲鸿1939年抵达新加坡，徐君濂时任《星洲日报》美术编辑和华人美术研究会会长。他自称与徐悲鸿同姓同宗，又是徐悲鸿的学生。作为《星洲日报》与美术团体的代表，常与徐悲鸿联络：拜年、展览、摄影、郊游写生、迎来送往、写报道及艺术评论。他当年在报章的报道文字，是令人信服的历史记录，他是最了解这段历史的知情人。他所知的故事，几乎是徐悲鸿在新加坡的一半历史。

1942年，日军攻入新加坡前夕，徐君濂与郁达夫等人乘小艇逃往印度尼西亚。数年战争岁月，历劫沧桑，丢弃了一切随身物品，却匪夷所思仅仅保留住一包徐悲鸿在新加坡的大幅摄影照片，《悲鸿在星洲》中的1939年7月6

日徐悲鸿在珍妮小姐画像前的留影插图,便是其中一幅。

徐君濂先生交给我那包等同生命的旧照片,看着那微微泛黄的照片中正当盛年、潇洒、风度翩翩的徐悲鸿,他在新加坡有些什么故事?让我心绪涌动。

黄葆芳先生是徐君濂多年的老友,他家中有陈晓南先生(他是我在学校的铜版画教授)途经新加坡回国,取回徐悲鸿新加坡藏物的照片。一切相关,都是我熟悉的人物。

1985年,我工作所在的报社领导,让我看一些没有签名的速写素描稿复印件,问我这些画是谁画的?我发现这批罗弄泉枯井所藏的,竟是徐悲鸿1925年前在法国留学最早期的素描作品,有男女裸体、全身、半身、头像,有铅笔素描,也有用中国毛笔白描的,共116页(其中一页正反两面各画一幅,所以共117幅)。虽然都没有签名,但来历清楚,当年的艺术前辈人所皆知:这是罗弄泉枯井藏物在1945年被挖出后,施香沱从黄曼士处分得的礼物。

看过这批尚属稚拙生涩的素描,才能了解一位来自中国农村的青年是如何在法国的艺术中心,经历锤炼而成为大师的,报社决定让我把徐悲鸿在新加坡的历史作特写报道。

1985年的新加坡,虽曾经历太平洋战争的浩劫,可幸不少徐悲鸿的作品、手迹尚存,居然能见到一些从未托裱的大幅精品。当年的历史见证人或仍健在,或留下了宝贵的回忆文字。

一对不熟悉中华文化的夫妇不相信损坏的旧字画可以修复和重新装裱,把一批徐悲鸿送给他们祖父的字画和废报纸一起扔到街上的垃圾筒了。如不遵守道德与职业操守,当时只用很少的钱,也能将这批战争期间藏在天花板上的书画据为己有。徐悲鸿为他们的祖父画了十幅以上的油画与中国画，可损失已经无可挽回了。

我花费数月的时间，废寝忘食，列出名单，一一寻访在新加坡和中国等地，数十位尚还健在的徐悲鸿旧友知交，聆听他们讲述悲鸿的足迹和传奇故事。

记录对吴作人、李曼峰、杨善深、刘抗、黄葆芳、钟青海、赵少昂、邱珍祥、韩歧丰、艾中信、陈振夏、马骏、姚义夷、广洽法师等，这些与徐悲鸿有交往的前辈的访谈及搜集其书信、查阅可以得到的历史档案、将散乱零碎的史实整理成篇，辑成了《悲鸿在星洲》的主要资料。

我在刘抗家中见过并得知，《放下你的鞭子·王莹像》这幅徐悲鸿在新加坡的重要作品求售，博物馆拒绝收购，而有意购画的陈之初先生，却突然在交易日的前几个小时辞世了。冥冥中安排，使这一代表性作品与新加坡失之交臂。

并非所有访问都一帆风顺，罗弄泉枯井藏宝与挖宝最重要的当事人，崇文小学的校长钟青海先生一开始拒绝见面。他有感我再三保证只求新闻事实真相，而不代表任何人追索物品，并且三番五次求见的诚恳与坚持不懈，才答应和我谈枯井藏画的事。

钟校长一直收藏着徐悲鸿的枯井藏画《愚公移山》油画稿（46cm×106.5cm），我虽然不能完全认同他所说的：这是徐悲鸿感谢他冒着被日军杀害的危险，枯井藏画三年又六个月，所以在战后写信让他挑选的纪念品，但还是在报章上写出他的说法。

对徐悲鸿的怀念，使年事已高的钟校长最终打开了心结，说出了与悲鸿的相识交往和兵临城下的传奇经历，揭开了深深隐藏半个世纪的秘密。

写作《悲鸿在星洲》最传奇的奇遇奇缘，是30多年前的那天下午，我在江夏堂外的街边准备被垃圾车收走的黑色大垃圾袋中，翻出5本手写的百扇斋藏书画目录和其他一些历史资料。徐悲鸿在江夏堂生活和画画的一些细节，全包含在这些藏画目录中，一段将要湮灭的历史记录和有心人偶然相遇。

罗弄泉枯井藏画、愚趣园果园藏宝的真相，刚好在新加坡的日军投降40年后公之于众。

1985年9月16日，报章全版刊出我的特写稿：《徐悲鸿藏宝记（上）》，9月17日又刊出《徐悲鸿藏宝记（下）》。把几十年前的历史，从模糊逐渐梳理清晰，在中国和新加坡的艺术界都引泛起一点涟漪。

此后在《南洋星洲联合晚报》及《早报》，陆续刊登了《学困巴黎　缘结星洲》《徐悲鸿的印度之旅》等20多篇有关徐悲鸿在南洋历史的文章。30年前的资料搜集与采访经历，有如与半世纪前历史的一次神奇相遇。

1949年5月，黄曼士并没有把徐悲鸿当年的全部藏物交陈晓南带回中国。对中国政权的变化，黄曼士持观望态度，为免徐悲鸿为抗日筹款的连累，罗弄泉藏物全毁井中，便成了物归原主的推托之辞。

廖静文说：徐悲鸿得知40多幅油画精品损失殆尽的消息，受到沉重一击，甚至影响到以后是否再画油画的态度。

1990年1月3日，廖静文在新加坡的记者会上说：1950年陈晓南只带回三幅油画，一些水墨画和几十本书和一些陶瓷。两幅油画是罗弄泉所藏的颜色斑驳且已难修复的女人体像和肖像，另一幅油画是徐悲鸿临摹普鲁东的《正义与复仇在追赶凶手》，此画未放在井中，藏在学校黑板后面，所以还很完好。

1945年罗弄泉枯井藏物挖出后，一些被视作无足轻重的素描、油画、拓本，和一些盖着"暂属悲鸿"印章的画册书籍、在苏联展览时的《中国绘画》俄文图录等，被分送施香沱、施寅佐、林学大、刘抗、钟青海等人，这些徐悲鸿的旧友知交生前都将它们视之为珍品。直至他们去世后，这些画作才在艺术市场上露出真容。

徐悲鸿的116页人体素描速写收藏者施香沱先生，1990年在新加坡家中对到访的廖静文女士坦言：所得这百余幅画作，确是1945年黄曼士分赠的罗弄泉枯井取出的徐悲鸿藏物，几十年来一直想回赠悲鸿后人。

廖静文感慨徐悲鸿将如此大量的作品送人，而无一幅能保存在徐悲鸿纪念馆。但施先生去世前未能了此愿望，这批作品其后被他人包装为"徐悲鸿巴黎岁月"专题而流失市场。

一些徐悲鸿从各国各地选购的书籍画册，分给了南洋美专校长林学大。有《琴斋印留》（初集、二集）共七册，《精拓云峰山诗刻》拓本（徐悲鸿题识："此刊为俗手勾涂大煞风景"）。另一本 *Anders Zorn His Life and Work*（《安德斯·佐恩其人其作》），徐悲鸿在此书扉页题："东坡诗有始知真放在精微，观初论之画，益信其言不虚。"徐悲鸿在 *The Poems of Nizam*（《尼扎姆诗集》）扉页题："廿九年九月作全印之游，双十节抵朋培，翌日偕刘君亮兄赴市购此精妙之册，十八日归圣提尼克坦记之。"这些书册现仍珍存南洋艺术学院图书馆内。

廖静文馆长不再追索第二次世界大战期间失落的徐悲鸿画作的表态，或许对枯井藏画的重见天日是有帮助的。

廖静文馆长1999年5月17日给我的泪滴纸笺的信中说："我惟一难忘的是，悲鸿说四十幅油画精品在新加坡损失，其中如《远闻》《泪》《泉》《绿孩》《马和马夫》《碧云寺》等等。悲鸿说这番话时的凄苦眼神，和那低沉悲伤的声音,至今留存在我耳畔。我盼望悲鸿的那些油画能有一天面世,不管是谁收藏了,我绝不追索。只要能保存在人世,我能见到一面,或能见到照片,便能在心中告慰于悲鸿。"

1999年7月6日廖静文馆长给我的另一信说:"对于曼士先生,我仍是充满感激的。读了你的书信以后,便更加了解,他和孟圭先生那样善待悲鸿,为之保存作品确实很不容易。我最关心,也是悲鸿最伤感的是四十幅油画的损失,我盼望悲鸿失落的油画尚能留在人间,即使能得到一张照片我也会欣喜万分,绝不追索。"

2005年6月29日在上海拍卖一幅被称作"枯井一宝"的油画《喜马拉雅山林》,该画为1940年徐悲鸿在喜马拉雅山大吉岭对景写生的作品,是技巧纯熟、挥洒自如的精妙之作。1945年收得此画的徐悲鸿旧友,长期收藏于家中木门后,直至去世。

近年公之于众的徐悲鸿南洋作品,还有徐悲鸿甚为珍贵的在印度的速写本,内有44幅作品。包括1940年7月24日在印度所作的素描自画像、泰戈尔像、泰戈尔与甘地速写像,徐悲鸿存世甚少的水彩写生风景画一幅,印度国际大学上音乐课速写和一些牛、象、鹫等动物速写。

速写本有如记录徐悲鸿在印度极勤奋工作的日记,他还在一张画上题:"懒惰的索价甚高之,贵品不可随意取得,因一旦到期,清付时必然偿还不起。"

1939年徐悲鸿所画的汤姆斯总督像,画酬当时"破中国生存作家一切纪录"(1939年6月30日徐悲鸿致友人信)。徐悲鸿的南洋作品在60年后,2005至2007两年内四度创中国油画历史最高价格,不断成为新闻的头条。也使艺术史与艺术市场,不得不再将目光重新聚焦、重新审视徐悲鸿的那段南洋岁月。

隐藏了半个世纪的徐悲鸿新加坡藏宝的故事，虽已在1985年9月公之于世，而传奇的谜底尚未完全解密。数以百计的徐悲鸿作品下落何方？井下那几十幅油画下落何方？另一批几百幅作品下落何方？

徐悲鸿1941年11月7日致林语堂的信中提及，先行托船公司运往美国，有记号为A、B、C、D的四箱画（三木箱、一铁箱），包括中国画323幅，油画分卷共12幅，至今仍然下落不明。

徐悲鸿称这些作品是"历年所积及旅印近作""大半为自己班底"，包括当年多人见证的《百骏图》。战后徐悲鸿不断写信给在美国的王少陵、林语堂等人，希望帮助寻回，但至今没有结果。

有两家出版社，将1985年报章上我发表的文字，换上盗版者自己名字，印刷了两本错漏丛生的盗版书后，我写的《悲鸿在星洲》才在新加坡成书。

吴作人院长1985年就已题好书名，新加坡美术馆郭建超馆长写序言，并评价此书"对研究南洋画派运动诞生前几十年的新加坡绘画艺术史，做出积极的贡献"。1999年，《悲鸿在星洲》在新加坡出版，我终于把书送到徐君濂先生手中。这位当年在新加坡与徐悲鸿同样喜欢穿白衣白裤的翩翩美少年，变得鹤发童颜，是徐悲鸿星洲旧友中最长寿的一位。

吴作人院长写信鼓励我："《悲鸿在星洲》一书非常有意义，在美术史上有重要参考价值。"

徐悲鸿夫人廖静文在2000年1月6日写给我的信中说："我和庆平都对你怀着十分感激的心情，不知道如何回报。悲鸿对新加坡怀着特别的感情，我们全家也如此。你为撰写《悲鸿在星洲》所付出的艰辛和努力，实在太令我感动。"

2005年，我协助中国中央电视台来新加坡拍摄了《徐悲鸿》4集纪录片中的新加坡部分。

2007年香港苏富比拍卖行为我写的《放下你的鞭子·王莹像》一文，出版了一本精美的书册，此画拍出当时中国油画的最高价。

2008年我为新加坡美术馆主办的"徐悲鸿在南洋"大展撰文、演讲并捐赠了部分文物。

《悲鸿在星洲》的编写和资料搜集过程中，参考了《黄曼士纪念文集》《徐黄二家》《徐悲鸿的故事》《雪泥》，以及新加坡美术馆出版的《徐悲鸿在南洋》等书刊文献和蒋碧微、廖静文两位徐夫人的回忆录。

由衷地感谢新加坡第一位国家美术馆馆长郭建超为本书写序文。

由衷地感谢新加坡艺术理事会、李氏基金、新加坡报业控股、新加坡艺术协会的赞助和支持，使《悲鸿在星洲》第一版得以在新加坡顺利面世。

由衷地感谢人民美术出版社编辑出版新版《悲鸿在星洲》，此次新版对文章作了分类分章，对文字作了修订查错，对史料作了尽可能详尽的考证，也补充了新整理的纪事资料，配图更合理，编排更清晰，装帧更精美，沙海龙编辑为此付出了艰辛的劳动。

自1985年以来，我对徐悲鸿在新加坡历史进行的资料搜集与研讨，客观上填补了美术史上1939年至1942年对徐悲鸿历史研究一个重要阶段的空白。但作为并非以历史研究为专业者，或许只是我无心插柳的一次历史偶遇，也是一次不可多得的机会和缘份。

欧阳兴义

2019年于新加坡